Per essere informato sulle novità
del Gruppo editoriale Mauri Spagnol visita:
www.illibraio.it

Casa Editrice Corbaccio è un marchio di Garzanti S.r.l.
Gruppo editoriale Mauri Spagnol

Illustrazioni di Ottavia Baldi / @bisc_otti
Fotografie di Noemi Pelagalli ad eccezione di pp. 29, 63, 65, 74, 82, 92, 97, 107, 109, 122, 145, 156, 171, 223, 149, 256: Alamy Foto Stock

www.corbaccio.it

ISBN 979-12-5992-112-3

Noemi Pelagalli

Autrice di
CookingWithTheHamster

KOKORO

Il Giappone tra pop e disincanto

CORBACCIO

Avvertenza

Per la trascrizione dei termini giapponesi è stato adottato il sistema Hepburn, in base al quale le vocali si pronunciano come in italiano e le consonanti come in inglese. Da tenere presente che:

ch si pronuncia sempre come la *c* di cena

h è sempre aspirata

sh è come la *s* di scena

w è come una *u* molto rapida

y è come la *i* italiana

Il segno diacritico sulle vocali ne allunga il suono.

Secondo l'uso giapponese, il cognome precede il nome.

Per i termini giapponesi utilizzati si rimanda anche al Glossario a fine volume.

INDICE

A Big Hamster, Nino

INTRODUZIONE

Pochi paesi al mondo hanno la capacità di affascinare come il Giappone. Ognuno di noi ha almeno un ricordo che riguarda qualcosa legato a questo paese: un oggetto tecnologico, un *anime*, un piatto, i fiori di ciliegio, i *samurai* o i *kamikaze* brevemente accennati nei libri di scuola. Molti almeno una volta nella vita hanno espresso il desiderio di visitare il Sol Levante per vedere una *geisha*, gustare il tè verde o il «vero *sushi*», come ormai si dice sempre più spesso.

In Occidente i discorsi sul Giappone, come la sua reputazione, sono cambiati nel corso dei decenni: fino agli anni Settanta del secolo scorso è stato considerato il paese degli uomini consacrati al lavoro come fossero dei robot, negli anni Ottanta il Giappone era il futuro, nei Novanta il paese dei suicidi e nei Duemila quello del cibo salutare e delle stravaganze della moda. Oggi l'opinione comune lo ha deputato a luogo dove trovare se stessi, quello delle tradizioni millenarie, dei valori, dell'ordine e della pulizia. Ma queste descrizioni corrispondono a verità oppure sono realizzate a uso e consumo di chi ne ha bisogno?

Il Giappone ha una storia lunga e complessa di cui si sa probabilmente poco e in maniera confusa. Questo paese, profondamente influenzato dalla cultura statunitense, è stato toccato dal turismo di massa solamente in tempi piuttosto recenti, ossia dall'inizio degli anni Duemila: fino a quel momento sul Giappone è stato solamente un lungo sentito dire.

Oggi il Giappone va di moda, molto di moda. Esistono decine di pagine social dedicate e, soprattutto per ragioni di marketing, la narrazione su questo paese lontanissimo è decisamente cambiata rispetto a quando io ero una ragazzina. Il fatto che così tante persone siano interessate al Sol Levante da una parte mi rende felice perché mai avrei pensato che qualcosa di così fortemente demonizzato sarebbe diventato popolare. Dall'altra parte, spesso proprio questo aspetto mi incupisce, come se una parte di me venisse cannibalizzata. Un pensiero che, mi rendo conto, scaturisce dal fatto che quel mondo nel quale mi rifugiavo era mio e di nessun altro.

Io sono stata affascinata dal Giappone da sempre e in modo totalizzante. Anagraficamente parlando, mi incastro tra la fine degli anni Ottanta e l'inizio dei Novanta, sono nata quando il Giappone aveva raggiunto ricchezza e prestigio, sono cresciuta e ho preso coscienza del mondo durante il suo decadimento. Sono una Millennial, bombardata da sempre

dai mass media e da bambina, in quel flusso continuo e costante di informazioni, mi sono focalizzata su tutto ciò che riguardava il Giappone: *Ranma ½*, *Sailor Moon*, *Cortili del cuore*, *Capitan Harlock*, *Queen Emeraldas*, *Galaxy Express 999* e *Neon Genesis Evangelion*.

Io penso che ognuno di noi durante l'infanzia sia stato colpito da uno stimolo particolare, e che questo abbia agito nel nostro subconscio tutta la vita, riportandoci sempre lì dove siamo stati affascinati. A me è capitato con il Giappone, per il quale provo un sentimento viscerale. Io non sono stata in Giappone da bambina, ma i suoi prodotti, commerciali e culturali, hanno caratterizzato il mio pensiero e la mia sensibilità fin da giovanissima.

Il Giappone degli anni Novanta era un paese estremamente controverso, la narrazione che ne faceva l'Occidente era di un luogo abitato da persone pericolose, instabili, feticiste. Del resto i pochi giapponesi che era possibile vedere in Italia erano gruppi di turisti che non parlavano una parola di inglese, ermetici e ostinati a non aprire alcun tipo di dialogo con chi fosse a loro estraneo. Insomma, delle persone inaccessibili. Esternare la propria fascinazione per i giapponesi equivaleva a dichiarare di essere strani quanto loro.

Coltivare questa passione era difficile. Avevo una penfriend, Kaori, che circa ogni due settimane mi inviava una lettera corredata di fotografie istantanee Polaroid, ritagli di giornale e gadget a tema moda. Leggevo moltissimi *manga* che acquistavo in edicola (dove vivevo non esistevano le fumetterie), particolarmente interessanti perché non soggetti a censura come invece avveniva per gli *anime* trasmessi dalla televisione. Ricordo che ai *manga* si dava davvero poca importanza: arrivavano in negozio saltuariamente e venivano impilati accanto ai giornali e ai calendari per adulti.

All'inizio degli anni Duemila con l'arrivo dei *Pokémon* e della Play Station si iniziò finalmente a respirare un'aria di frizzante interesse: tantissime persone collezionavano carte e videogiochi e per un breve periodo di tempo ebbi l'impressione che il mondo giapponese fosse stato sdoganato in Italia e, chissà, perfino nella mia piccola città di provincia da sempre molto chiusa. Ma con il crescere del numero di appassionati le istituzioni si mossero subito contro questo tipo di intrattenimento: i telegiornali trasmettevano notizie allarmanti di ragazzi che avevano perso il contatto con la realtà dopo aver giocato per ore con la Play Station o di giovani che avevano commesso un omicidio emulando personaggi di *anime* e *manga*. L'atteggiamento paternalistico di rimprovero e l'instillazione del senso di vergogna per questa passione erano all'ordine del giorno anche a scuola.

Nonostante ciò, il mio interesse per i prodotti nipponici continuò a crescere con la comparsa in edicola delle prime riviste di settore come *Hentai X*, *Benkyo* (con foto e disegni anche in versione cd-rom in allegato, oltre a reportage di giornalisti *otaku*, esperti di *manga* e *anime*, che avevano la possibilità di recarsi in Giappone) e *PSM* (Play Station Magazine), considerata una vera e propria bibbia. Di pari passo nacquero i primi siti internet dedicati al Giappone, perlopiù creati da *cosplayer* che sfoggiavano i propri costumi in foto (all'inizio su pellicola) amatoriali. Furono esattamente questi siti a permettere agli *otaku* italiani di mettersi in contatto per la prima volta tra di loro: non esistendo ancora i social network, piattaforme come il Forum Lilla (proprio del sito della *cosplayer* Giorgia Vecchini) davano la possibilità di parlare delle passioni comuni e organizzare gruppi *cosplay* da presentare alle fiere del fumetto.

Internet rappresentò un potente aggregante e di fondamentale importanza per il fiorire di nuove amicizie a tema Giappone, uno spazio virtuale che apriva scenari reali pronti a tradursi in lunghi viaggi in treno a casa dei nuovi amici oppure alle fiere come Fumettopoli (che oggi non esiste più, veniva organizzata all'Hotel Executive di Milano) o Cartoomics (di cui ricordo un'edizione realizzata in un capannone malconcio dove tutto intorno non c'era nulla, mentre adesso troneggia CityLife). eBay come lo conosciamo oggi era solo agli inizi e Amazon in Italia ancora non esisteva, quindi chi voleva acquistare action figures, *gashapon*, *bentō*, *hashi*, artbook e cd *J-Pop* doveva per forza recarsi alle fiere, magari munito di borse e valigie capienti.

Il *cosplay* abbatteva la timidezza dei ragazzi più giovani (un po' come accade con il teatro) e, allo stesso tempo, permetteva di vestirsi con abiti dell'altro sesso (*crossplay*) a chi non era libero di farlo nella vita di tutti i giorni. Chi non viveva la vita da fiera iniziò a indicare in maniera spregiativa i *cosplayer* con «travestiti», li ridicolizzava non considerando il lato artistico di questa pratica che veniva ridotta a una «pagliacciata», nonostante molti realizzassero costumi spettacolari o in altre parti del mondo come gli States, in quegli stessi anni, *cosplayer* di talento trovavano lavoro come costumisti per il cinema.

Vivere da appassionato di Giappone era ancora molto difficile e pensare di andare a vivere laggiù trovando un lavoro era addirittura impossibile. Per una questione economica (per studiare Lingue Orientali bisognava trasferirsi a Venezia, affrontando una spesa onerosa per molte famiglie), e per la chiusura totale delle aziende giapponesi verso gli occidentali. L'idea oggi diffusa di fare della propria passione un lavoro in quegli anni era decisamente un sogno romantico: gli hobby si dovevano coltivare quando non si lavorava. Il Giappone non era visto come una possibilità di vita, bensì come un passatempo.

Il cambiamento radicale si ebbe con Expo 2015 a Milano, quando l'interesse per la gastronomia cinese, giapponese e coreana aumentò vertiginosamente. I tempi divennero improvvisamente maturi per condividere più apertamente questa immensa passione: il tema «food» sui social stava diventando una moda intergenerazionale. E così, dopo anni di studi da autodidatta, lavori nel mondo della comunicazione e nelle cucine di ristoranti asiatici (tutte esperienze che si sono rivelate fondamentali per la mia formazione) decisi di aprire Cookingwiththehamster, il progetto figlio del mio amore per l'Asia, soprattutto per il Giappone, e del mio percorso personale. All'interno parlo della cultura del Sol Levante dal mio punto di vista: attraverso cibo, cinema, beauty, letteratura, moda e viaggi.

Ho deciso di condividere la mia passione e le mie ricerche perché non si è mai finito di imparare, soprattutto scoprendo una cultura così lontana che, per anni, ho ammirato in *anime*

e *manga* e le cui ricette ho cercato di replicare senza successo a casa perché all'epoca non esistevano supermercati asiatici o siti internet dove acquistare ingredienti specifici. Tutto ciò può sembrare incredibile adesso, in un periodo storico in cui le strade di Milano danno l'impressione di avere più locali asiatici che abitazioni, ma fino a qualche anno fa per gli appassionati come me questa era un'utopia.

Oggigiorno si ha una percezione del Giappone molto positiva, sembra inconcepibile che gli *otaku* abbiano dovuto combattere strenuamente per i loro interessi. Ma, in fondo, che cos'è questo Giappone di cui tutti parlano? È un paese come tanti altri, nel senso che è fatto di secolarizzazione e compromessi. La narrazione edulcorata che oggi se ne fa ne elimina le grandi contraddizioni, riducendolo a una mera cartolina per un turismo mordi e fuggi.

Ciò che molte persone danno per scontato come millenario, puro e cristallizzato è in realtà frutto di cortocircuiti storici, operazioni economiche complesse e senso di incomparabile orgoglio nazionale. L'Occidente ha sempre operato un'azione di razionalizzazione, di minimizzazione delle complessità del popolo nipponico per renderlo concettualmente assimilabile, tentando di spiegarlo con gli strumenti del pensiero dominante occidentale. Attualmente si assiste a uno sfruttamento dei codici di pensiero del Giappone pre-moderno, come la filosofia zen, per trovare sollievo ai problemi che affliggono il nostro lato del mondo. L'esotismo è un'operazione manipolatoria per cercare quello che da noi è andato perduto: le tradizioni, la quiete, le verità sul mondo. Succede così che molti turisti, quelli che hanno una visione incantata del Giappone, quando vi si recano per la prima volta si scontrano invece con la realtà di un paese fortemente occidentalizzato. E tuttavia, non si può non restare comunque affascinati da un senso particolare di armonia e di ordine diffuso in ogni angolo del paese, risultato di un'estetica che agisce per sottrazione (e non per addizione, come quello occidentale) e che privilegia le forme, sia delle cose sia dei rapporti umani. Un sentimento che si percepisce solamente quando si è lì: *mono no aware*, la sensibilità delle cose, una dirompente partecipazione emotiva verso la bellezza della natura e della vita umana, con un conseguente sentimento nostalgico verso il suo continuo mutamento e la sua fine. La consapevolezza che tutto prima o poi ha una fine crea un profondo senso di malinconia.

Ma il Giappone che ormai molti occidentali cercano è anche altro e diverso, ed è fatto di innumerevoli oggetti, riferimenti, simboli appartenenti a quella cultura pop che germoglia dall'*angura*, ovvero l'underground, il sotterraneo o clandestino che dir si voglia. È una cultura essenzialmente urbana e industriale. All'inizio è espressione di ristretti gruppi giovanili, è intrattenimento e corrosiva critica sociale a un tempo, è una controcultura dove, attraverso l'inversione irriverente dei valori d'élite, trova spazio chi è oppresso, diventa eroe chi si sente umiliato. E poi, a mano a mano che si sviluppa, accumula un bagaglio ideologico e un peso economico sempre più importanti tali da uscire dai «sotterranei»: il pop di ieri, stroncato o snobbato dalla critica, diventa l'Arte di oggi. Accanto al *kōyō* (*foliage*) i centri commerciali, le *gyaru* di fianco alle donne in *kimono*, prima *Viaggio a Tokyo* e poi *Tokyo Decadence*... è sempre Giappone. E tutte queste enormi e affascinanti contraddizioni sono proprio il cuore di questo paese. In italiano la parola «cuore» esprime sia l'accezione sentimentale e romantica, sia quella anatomica. Questi significati sono gli stessi che si tendono a dare alla parola giapponese *kokoro*, ossia «cuore», quando la si traduce in italiano. In realtà il *kanji* che lo compone si riferisce sia a «mente», intesa come insieme delle facoltà dell'individuo, che «cuore», cioè gli aspetti emozionali e intuitivi di una persona. Per i giapponesi, dunque, l'emozione e il raziocinio non sono separati come nella cultura occidentale.

Il cuore del Giappone è dunque qualcosa di fortemente complesso e a tratti incomprensibile: le scelte storiche dettate dal sentimento sono sempre accompagnate da un forte intento di natura razionale, strettamente legata al contesto storico. Questo aspetto è imprescindibile se si vuole cercare di capire le dinamiche storiche di questo paese, così come i mutamenti sociali e i comportamenti dei singoli individui.

In questo libro ho cercato di mettere insieme tutti gli elementi alla base della mia grande fascinazione per il Giappone moderno, misurandone anche il suo incredibile impatto sul mondo attuale. Parlo di moda, cinema, editoria, televisione, videogiochi, cucina, quartieri, locali... Viviamo nel mondo di internet, e spero che leggendo venga voglia di ascoltare contemporaneamente canzoni, guardare pezzi di film, pagine di *manga*, fotografie, scene teatrali, di provare ricette. Prendo le mosse da lontano, perché è difficile parlare del Giappone di oggi senza almeno accennare al Giappone prima del nostro sguardo occidentale. Ho utilizzato la periodizzazione in uso che, nel paese più tecnologico del mondo, scandisce il tempo con il nome degli imperatori. E mi sono concentrata sugli ultimi decenni, perché è qui il mio *kokoro*.

Se troverete errori, imperfezioni e mancanze chiedo umilmente scusa al gentile lettore. Non ho ambizioni storiche o sociologiche, il mio è uno sguardo eclettico, disincantato e appassionato al tempo stesso, senza pregiudizio alcuno, per l'incredibile varietà culturale di questo paese. Il fatto che il Giappone abbia molte curiosità o «lati oscuri» è sempre stato per me motivo di interesse: per me il Giappone è il luogo più stimolante intellettualmente e il più affascinante esteticamente al mondo. Sebbene agli occhi dei più sia concepito come «zen», inteso come sinonimo di pace e tranquillità, in realtà il cuore di questo paese è molto più caotico e tumultuoso di quanto si pensi. ■

Noemi Pelagalli
ottobre 2023

IL GIAPPONE PRIMA DEL NOSTRO SGUARDO

IL PERIODO EDO (1603-1868)

Fino a non molto tempo fa gli storici tendevano a far coincidere la nascita del Giappone moderno con l'arrivo del commodoro statunitense Perry nella baia di Edo nel 1853, altri invece con l'inizio della Restaurazione Meiji (1868). Oggi invece si tende a risalire agli inizi del periodo Edo o Tokugawa nel XVII secolo. Ma quale che sia la periodizzazione adottata, le radici di questo paese affondano nei tre pilastri della cultura popolare e sacra. Il primo è lo *shintō* (via degli dei), il culto animista autoctono basato sulla credenza in spiriti ancestrali e tutelari (*kami*) che abitano la natura e con i quali le persone interagiscono attraverso festival (*matsuri*). E lo *shintō* ha un significato politico poiché la dinastia Yamato, quella da cui storicamente deriva la famiglia imperiale, discende dalla dea del sole Amaterasu Ōmikami.

Il secondo è il confucianesimo. Confucio (551-479 a.C.) è il filosofo che ha elaborato un'etica delle relazioni sociali, sostenendo che la nobiltà e lo status di una persona derivano da autodisciplina, educazione, benevolenza, osservanza del rituale, decoro, pietà filiale e rispetto per gli antenati. Nel XVII secolo in Giappone si sviluppò il neo-confucianesimo, una versione elaborata ed estesa della dottrina che include idee buddiste e taoiste.[1]

---

1 Il maggiore esponente del taoismo è Zhu Xi (1130-1200). Contrariamente all'Occidente, dove si tende a pensare in termini dicotomici opposti (per esempio il bene contro il male, una fazione contro l'altra, ecc.), il taoismo riconosce che gli opposti sono necessari, che la realtà è unitaria e non duale e che il tutto è relativo.

Il terzo è il buddismo. Originario dell'India settentrionale, esso consiste in una serie di insegnamenti (*dharma*) del principe Siddhārta Gautama. Il *butsudū* (via del Buddha) prevede la ricerca della liberazione dal ciclo infinito di rinascita fisica (*samsāra*), la meditazione, il miglioramento del proprio sviluppo spirituale attraverso l'accumulo di meriti (*karma*) con buoni pensieri e azioni, o viceversa.

La storia del Giappone è molto travagliata, fatta di guerre cruente e continui disordini, ma anche di un feudalesimo che aveva dei punti di somiglianza con quello dell'Europa occidentale. Tradizionalmente si fa risalire il feudalesimo giapponese alla fine del XII secolo con Minamoto no Yoritomo che, nel 1192, ricevette il titolo di *shōgun*[2] e fondò il primo *bakufu* (dittatura militare dello *shōgun*) del Giappone con capitale a Kamakura. Ma l'idea di creare uno stato unitario e in pace è stata per moltissimi anni pressoché irrealizzabile: tutta la storia del Giappone dal XV alla fine del XVII secolo è stata infatti caratterizzata da guerre intestine e resistenza contro i nemici esterni. Il Giappone era frammentato in oltre duecento territori dominati da signori della guerra costantemente in lotta tra loro.

Nel 1591 il samurai e *daymiō*[3] Hideyoshi Toyotomi fu il primo ad avviare un processo di unificazione del paese. Alla sua morte una serie di intrighi e lotte per il potere portò alla vittoria di Tokugawa Ieyasu, colui che cambiò definitivamente la storia e la geografia del Giappone. Insignito nel 1603 del

2 Letteralmente «comandante dell'esercito», abbreviazione di *sei-taishōgun* (grande generale dell'esercito che sottomette i barbari), titolo conferito ai dittatori politici e militari che governarono il Giappone dal 1192 al 1868 ed equivalente al grado di generale.

3 Letteralmente «grande nome», il *daymiō* era la maggiore carica feudale. I *daymiō* erano i grandi proprietari terrieri del Giappone feudale, subordinati allo *shōgun* e, nominalmente, all'imperatore e al *kuge* (gruppo di famiglie della classe aristocratica giapponese).

titolo di *shōgun* dall'imperatore, si stabilì nel piccolo villaggio di Edo (l'attuale Tōkyō) dove costruì il suo castello (fondamenta del futuro palazzo imperiale tutt'oggi esistente) e forzò i *daimyō* a riconoscerlo come sovrano, giurandogli fedeltà in qualità di vassalli. Morì nel 1616 e venne deificato come la manifestazione del Buddha della guarigione.

Tokugawa Ieyasu fu l'artefice dell'isolamento del paese dal resto del mondo che durò per tutto il periodo.

Parallelamente all'affermazione delle monarchie assolute in Europa, per oltre duecento anni la famiglia Tokugawa detenne il potere politico e militare di tutto il territorio nipponico attraverso il *bakufu*, il cui centro del potere era Edo.

Unificato il paese, lo *shōgunato* Tokugawa dovette affrontare in maniera definitiva il grande «fardello» degli occidentali. Fin dall'inizio del Seicento furono molti i missionari e i commercianti occidentali che si recavano in Estremo Oriente per le ragioni più varie. Agli occhi dei giapponesi, gli occidentali erano imprevedibili, rozzi, usavano lingue incomprensibili e credevano in un potere divino che trascendeva quello dell'imperatore. Il timore dei giapponesi era specificamente politico: è molto probabile che lo *shōgunato* fosse al corrente di ciò che stava accadendo nel «Nuovo Mondo» per mano delle nazioni cattoliche, ed era inoltre consapevole del ruolo del Papa, che aveva un proprio Stato e si occupava a pieno titolo di questioni politiche.

Lo *shōgunato* decise di eliminare il problema alla radice nella maniera che lo aveva fino a quel momento contraddistinto: utilizzando la violenza brutale. I cristiani furono perseguitati, così come anche i giapponesi convertiti. Con *Sakoku jidai* (periodo del paese chiuso) si indica proprio l'isolazionismo del Giappone: ad eccezione di alcuni olandesi protestanti (a cui fu permesso di risiedere nell'isola di Deshima, nel porto di Nagasaki), e di commercianti cinesi e coreani, tutti gli altri furono banditi o uccisi. E ai giapponesi era proibito l'espatrio. Considerato al centro del mondo, il Giappone veniva rappresentato anche al centro delle carte geografiche dell'epoca.

Il nuovo ordine e il codice etico del paese si basarono su neoconfucianesimo, buddismo zen e rigidissime regole militari.

Le nuove leggi istituite divisero il popolo in classi (*samurai*, contadini, artigiani e mercanti) che lasciavano fuori tutti gli «irregolari» (prostitute, attori, mendicanti e criminali). Poiché il paese era entrato in un inedito periodo di pace, i *samurai* vennero convertiti in funzionari dell'amministrazione civile, il che creò profondo imbarazzo. I *samurai*, prestigiosa casta di guerrieri distillata in oltre cento anni di guerra civile, si trovarono ridotti in burocrati. Paradossalmente, proprio in questo periodo vennero realizzati gli scritti fondamentali sui guerrieri più grandi del mondo, come *Hagakure* di Tsunetomo Yamamoto, 五輪書 (*Il libro dei cinque anelli*) di Musashi Miyamoto e il celeberrimo *Bushido*, apparso per la prima volta in inglese solo nel 1899. Nel tentativo di tenere vive le tradizioni guerriere, questi testi delineavano un profilo ben definito: raffinati cultori delle arti, i *samurai* basavano la loro vita sul *bushidō* (via del guerriero), fondato sul superamento della paura della morte, vivendo ogni momento come se fosse l'ultimo e orientando alla morte ogni pensiero.

La leggendaria scherma dei *samurai* è il *kendō* (via della spada) e la spada[4] è il simbolo del loro status: la guerra è la loro unica ragione di vita. Dal confucianesimo presero

4 La spada è così importante nella cultura giapponese che il leggendario maestro artigiano Gassan Sadaichi (1907-1995) fu incluso nel 1971 tra i Tesori Nazionali Viventi. Tesoro Nazionale Vivente (*Ningen Kokuho*) è un titolo che in Giappone viene concesso ad alcuni maestri di arti manuali al fine di preservare tecniche e abilità artistiche in pericolo di essere perdute.

il rispetto per la correttezza e l'etichetta, dallo zen le tecniche di meditazione, la sopportazione e il superamento della paura della morte. L'*harakiri* (taglio del ventre) era il privilegio dei *samurai* che rifiutavano il disonore di cadere nelle mani del nemico.

Nell'iconografia classica del guerriero, il *sakura* (fiore di ciliegio) rappresenta insieme la bellezza e la caducità della vita. Durante la fioritura il *samurai* vedeva riflessa la grandiosità della propria immagine in quello spettacolo incantevole, ma bastava un temporale perché tutti i fiori cadessero. I *samurai*, abituati a pensare alla morte come l'unico modo onorevole di andarsene, riflettevano nel *sakura* questa filosofia.

Nel periodo Edo i *samurai* però non avevano più nemici o guerre da combattere e molti diventarono *rōnin*[5] (girovago), *samurai* senza padrone costretti al vagabondaggio per le campagne e spesso causa di scompigli. Il declino dei guerrieri, rappresentati come poveri e cenciosi, è oggetto dei film del maestro Kurosawa Akira, fra cui il celeberrimo *Shichinin no samurai* (*I sette samurai*) del 1954.

I samurai non nascosero il risentimento verso il potere centrale per come li aveva ridotti, né la profonda frustrazione verso i *chōnin*, l'emergente ceto mercantile che nel periodo Tokugawa conobbe un'ascesa paragonabile a quella della borghesia occidentale.

SIMBOLI SOCIALI, PRODOTTI CULTURALI

I mercanti erano i nuovi ricchi della città, proteggevano gli artisti che andavano incontro al loro gusto contribuendo allo sviluppo di nuove forme d'arte e di cultura che oggi si considerano millenarie, quelle del «Giappone tradizionale», ma che si affermarono durante il periodo Edo: l'*haiku*, il teatro *kabuki*, quello delle marionette, l'*ukiyo-e*, la *geisha*, il *cha no yu* e la cucina *kaiseki*.

L'*haiku* è un componimento poetico dai toni semplici che, a partire da un'immagine o un pensiero, suscita una serie di suggestioni. Tipici delle poesie *haiku* sono i riferimenti alle stagioni e l'uso del ribaltamento semantico o concettuale.

Il *kabuki* è una rappresentazione teatrale che trae origine da danze di ballerine eseguite sulle rive del fiume Kamo, a Kyoto (dove oggi sorge il Minami-za, il principale teatro *ka-*

5 Un *samurai* diventava *rōnin* in caso di cattiva condotta, alla morte del suo padrone oppure in seguito alla perdita del favore o del privilegio del suo padrone.

buki della città). Il verbo *kabuko* (essere fuori dall'ordinario) indicava l'abbigliamento volgare ed eccentrico dei *rōnin*, frequentatori dei «quartieri del piacere». Questo stile fu adottato dalle danzatrici, sostituite dallo *shōgunato* con uomini per motivi legati alla moralità.

Il *kabuki*, strettamente legato al teatro delle marionette (*bunraku*, spettacoli accompagnati dallo *shamisen*, tradizionale strumento a corda) e molto diverso dal teatro greco occidentale, non presenta omogeneità nello svolgimento dell'opera poiché ogni attore si occupa di una propria sezione. Le vicende rappresentate sono espresse dall'emotività del personaggio, che ha molta più importanza delle questioni morali o sociali della trama.

Il *kabuki* era molto apprezzato dai *chōnin*, sebbene i più facoltosi fossero soliti ospitare rappresentazioni del teatro *nō* nelle proprie case. Il teatro *nō* (abilità), limitato all'élite dei *samurai*, era invece un'arte poco accessibile nata nel XIV secolo. Le rappresentazioni del *nō* sono caratterizzate da lentezza, uso di maschere, flauti e tamburi, canti la cui interpretazione viene lasciata agli spettatori. Il *kabuki* è stato considerato una sorta di volgarizzazione del *nō*.

I mercanti sfoggiavano il loro potere economico vestendo abiti in velluto o preziosa seta cinese e il loro stile di vita facoltoso veniva rappresentato negli *ukiyo*-e (immagini del mondo fluttuante), ovvero stampe su carta tramite matrici di legno e xilografia. Negli *ukiyo*-e venivano raffigurati paesaggi e scene urbane di vita quotidiana, come attori durante il lavoro, lottatori di *sumo* e cortigiane. Tra gli autori più importanti sono ancora oggi considerati Hokusai Katsushika (神奈川沖浪裏 – La grande onda di Kanagawa, 1830) e Hiroshige Utagawa (名所江戸百景 – Cento vedute famose di Edo, 1856-1858). Non si trattava di opere costose anzi, era-

no considerate di massa per chi non poteva permettersi di commissionare un dipinto.

Durante il periodo Edo vennero prodotte in grande quantità guide su ristoranti e locande, biografie, *hyōbanki* (classifiche e critiche di attori e cortigiane *kabuki*), *ehon* (libri illustrati) e testi didattici che descrivevano i codici di condotta appropriati alle donne, così come manuali sul sesso per le ragazze prossime al matrimonio. Il tutto scritto in maniera comprensibile alle diverse classi sociali.

Gli *shunga* (stampe erotiche), i *kōshokubon* (libri erotici) e i «racconti del guanciale» erano molto popolari. Storicamente lo *shintō* incoraggiava la fertilità attraverso i *matsuri* che celebravano l'accoppiamento[6] e permetteva di vivere la sessualità in maniera molto più libera rispetto alle religioni monoteiste. Gli stessi monaci buddisti presero raramente i voti di celibato, preferendo gli uomini alle donne. I *bushi*, guerrieri che replicavano le pratiche monastiche, resero celebre il *chigo monogatari*, un genere letterario riguardante gli amori omosessuali. Per molti il *wakashudō* (la via dei giova-

---

6 Sono infatti ancora oggi celebri i festival *Hōnen Matsuri* e *Kanamara*.

ni, molto simile alla pederastia greca) rappresentò una relazione romantica superiore e più raffinata rispetto a quella con una donna.

La *geisha* è uno dei simboli più comuni del Giappone nella memoria collettiva degli occidentali. Inizialmente si trattava di uomini che rivestivano un ruolo molto simile a quello dei giullari europei. In un secondo momento comparvero anche le donne, più aggraziate ed eleganti, così richieste da sostituire completamente gli uomini. Con lo *shōgunato* Tokugawa si ebbe un cambiamento cruciale in relazione alla moralità e alla mercificazione del corpo della donna: i centri del piacere vennero confinati nelle campagne, mentre quelli rimasti nelle città, gli *yūkaku*, furono murati: al di fuori di questi quartieri la prostituzione era illegale. I più noti erano Shimabara a Kyoto, Shimachi a Ōsaka e Yoshiwara a Edo.

Negli *yūkaku* vivevano le *oiran* e le *tayū* (il grado più alto delle cortigiane) che indossavano costumi complessi ed erano in grado di cantare, ballare e suonare. Erano costose e molto richieste dai *daimiyō*. La tappa fondamentale nella vita della *oiran*, che segnava il passaggio da ragazza a donna, era il *mizuage*: l'acquisto della sua verginità tramite un'asta gestita dalla sua protettrice; il ricavato serviva a colmare una parte del debito che la *oiran* accumulava per il suo mantenimento. Sebbene l'ultima *oiran* registrata risalga al 1761, il *mizuage* venne formalmente messo al bando solo nel 1956 dalla legge sulla prevenzione della prostituzione. Oggigiorno il termine *oiran* fa riferimento semplicemente a una cultura, a una tradizione che ha le sue manifestazioni più vistose e seguite nelle parate per le strade di Tsubame, Niigata (*Bunsui Sakura Matsuri Oiran Dōchū*) e a Nagoya, dove le *oiran* indossano *geta* (zoccoli di legno a infradito) alti 15 centimetri, elaborati costumi e pettinature particolari.

La *geisha* (artista) non è una prostituta così come dice la traduzione. Se fino al XIX secolo la sua figura non era del tutto definita e spesso si confondeva con quella della cortigiana, dalla metà del periodo Edo le *geisha* iniziarono a vivere in quartieri appositamente organizzati chiamati *hanamachi*

(città dei fiori), all'interno dei quali erano presenti la *ochaya* (casa del tè) e le *okiya* (case delle *geisha*). I primi *hanamachi* furono quelli di Kyoto, dove nel quartiere Gion ancora oggi si possono ammirare le costruzioni tipiche e, se si ha un po' di fortuna, vedere una *geisha* o una *maiko* (apprendista *geisha*).

Anticamente, l'avviamento alla professione della *geisha* iniziava attorno ai sei anni di età attraverso l'insegnamento della danza, del disegno, della scrittura e della musica finalizzato all'intrattenimento di ospiti facoltosi.

L'aspetto della *geisha* cambia in base all'età e al grado di carriera: le *maiko* indossano *kimono* elaborati dalle maniche lunghe e dai colori vivaci, acconciature tradizionali realizzate con i propri capelli naturali e un trucco molto evidente caratterizzato da cipria bianca spessa (*oshiroi*, polvere bianca), rossetto rosso (*beni*) applicato quasi sempre solo sul labbro inferiore e sopracciglia nere e rosse. Le *geisha*, invece, vestono in maniera più semplice e austera con *kimono* dalla manica dimezzata e possono decidere se utilizzare o meno parrucche e cipria bianca. Le *geisha*, ritenute e chiamate «sorelle maggiori», solitamente aiutano le *maiko* nella loro preparazione e vestizione.

Una pratica tradizionale molto in voga tra le *geisha* dell'epoca era l'*ohaguro* (denti neri), ossia dipingere i denti con inchiostro nero. Più i denti erano neri, più l'*ohaguro* era considerato bello: l'obiettivo era di fare risaltare ulteriormente il bianco del viso. Questa pratica è stata riscontrata già nel *Genji Monogatari* (*La storia di Genji*), scritto dalla cortigiana Shikibu Murasaki agli inizi dell'XI secolo e considerato il primo romanzo della storia, mentre nel periodo Edo divenne così popolare da essere utilizzata anche dalle donne delle classi sociali più povere per indicare che erano sposate.

Collegata a questa moda vi era anche quella dell'*hikimayu*, ossia radersi le sopracciglia e ridisegnarle più in alto sulla fronte rispetto alla posizione naturale.

LA CUCINA UNISCE E NON ISOLA: MANGIARE NEL PERIODO EDO

Il *cha no yu* (acqua calda per il tè) è conosciuto in Occidente come «la cerimonia del tè». Si tratta di una delle arti del buddismo zen più note, codificata dal monaco Sen no Rikyū nel XVI secolo. Nel secolo successivo il missionario portoghese João Rodrigues utilizzò per primo il termine «cerimonia», dandone di conseguenza una interpretazione culturale.

Durante il periodo Edo il *cha no yu* raggiunse il suo massimo splendore. Basata sul *wabi-cha* (semplicità e sobrietà), la cerimonia del tè avviene all'interno di uno spazio particolare privo di orpelli, «dimora del vuoto», con l'uso di determinati strumenti come il bollitore (*kama*), una fornace nel *tatami* (*ro*) oppure un braciere (*furo*), una speciale tazza (*chawan*) e il frullino in bambù (*chasen*). Il tè impiegato è sempre il *matcha*, preparato per sospensione e non per infusione.

Uno dei ricordi più simpatici che ho a proposito della consumazione del tè verde giapponese risale alla fine degli anni Novanta, quando alla televisione venne trasmesso il documentario *Tokyo Tamagotchi* di Turisti per caso.

Patrizio Roversi e Syusy Blady avevano raggiunto la capitale nipponica per scoprire quel mondo lontanissimo e considerato addirittura stravagante. Tra le numerose «stranezze» (così erano concepite all'epoca le pratiche giapponesi da chi viveva dall'altra parte del mondo) vi era il rituale del tè. Durante il programma Blady venne ospitata nel quartiere di Ueno dal maestro buddista zen, al quale però non portò un *omiyage* (regalo o souvenir, considerato una cortesia fondamentale nella cultura nipponica). Una volta accomodata, venne servito il tè verde: servire il tè agli ospiti, di solito accompagnato a un dolce tradizionale, è un gesto praticamente automatico in Giappone.

Blady, posta per la prima volta di fronte a questa esperienza, reagì con curiosità e stupore, sottolineando le varie differenze culturali: notò che il tè era molto amaro, e che non erano previsti né latte né zucchero. Inoltre sottolineò che il dolce servito aveva una consistenza appiccicosa e che il tutto, insomma, non aveva niente a che vedere con il tè del pomeriggio a cui siamo stati abituati fin da bambini, di chiara derivazione inglese.

Questo aneddoto buffo oggi potrebbe fare storcere il naso ai puristi della cerimonia del tè, ma io ci ripenso sempre con tenerezza perché all'epoca lo stupore di Syusy Blady era lo stesso di chi, come me, vedeva per la prima volta sullo schermo due italiani alla scoperta di quel mondo così lontano e affascinante, di cui si leggeva solo nei *manga*.

Anni dopo avrei partecipato anch'io a una vera cerimonia del tè, ma grazie a Turisti per caso, e all'entusiasmo e alle giustificate imprecisioni dei due autori, scoprii il tè *matcha*, che tuttora apprezzo e consumo quotidianamente.

Il dolce tradizionale che accompagna il tè è il *wagashi* (dolce giapponese), di origini antichissime, realizzato con farina di riso, *anko* (marmellata di fagioli *azuki*) e agar-agar per le gelatine, oltre a ingredienti stagionali (come i fiori di ciliegio).

L'utilizzo dello zucchero di canna nei *wagashi* diventò comune nel XVI secolo, grazie ai missionari portoghesi che introdussero in Giappone anche il pane, il dolce *castella* (il pan di Spagna che in Giappone prende il nome di *kasutera*, considerato tipico di Nagasaki), il vino e la *tempura* (evoluzione della parola tempero, condimento, oppure temperar, friggere). Scopriamo così che un elemento considerato tipicamente giapponese è in realtà di derivazione occidentale: la verdura pastellata e fritta era probabilmente un cibo quaresimale dei portoghesi. Allo stesso modo, il *nanbanzuke* (verdura e pesce fritti e poi marinati in aceto) deriverebbe dalla cucina mediterranea.

Gli *yōgashi*, invece, sono i dolci occidentali. L'unione di *wagashi* e *yōgashi* ha dato il via agli *wayōgashi*, dolci preparati con una tecnica occidentale ma usando ingredienti tipici giapponesi (come *matcha* o *yuzu*, un agrume giapponese). È molto interessante, a questo proposito, il *kishi-*

pan: pane dolce frutto della cultura gastronomica sviluppatasi a Ginza nell'Ottocento e segno di quanto il pane fosse diventato di moda. La storica panetteria Kimuraya (ancora oggi esistente) divenne celebre a Ginza per avere inventato l'*anpan*, un panino dolce ripieno di *anko*.

Durante il periodo Edo la cucina giapponese raggiunse la piena maturazione e, nonostante il divieto buddista di mangiare carne (con la rara eccezione di pesce e frutti di mare), la cucina *kaiseki* (*kaiseki ryōri*) divenne una vera forma d'arte.

È molto probabile che Sen no Rikyū abbia usato i *kanji* di *kaiseki* (pietra nel petto) per indicare il pasto (*cha-kaiseki*) consumato nella sala della cerimonia del tè a base di riso, zuppa, *tsukemono* (verdura in salamoia) e uno o due piatti di verdure o pesce.

Oggi il termine *kaiseki* indica le competenze tecniche per realizzare questo tipo di pasto raffinato a più portate, considerato la massima espressione della cucina giapponese tradizionale e accompagnato dal *saké*. Soltanto dall'Ottocento nel *kaiseki* furono introdotti *sashimi*, tuorlo d'uovo, un piatto cotto a fuoco lento, uno grigliato e uno al vapore.

L'armonia è la componente più importante del *kaiseki*: ingredienti freschi e stagionali, stoviglie e ceramiche in accordo con il periodo dell'anno e decorazioni commestibili (vegetali e fiori) disposte in modo da sembrare piante o animali.

Con lo sviluppo del teatro *kabuki* divenne popolare il celebre *bentō* (contenitore per il pasto) con il cibo (*makunouchi bentō*) che gli spettatori consumavano durante l'intervallo tra uno spettacolo e l'altro.

La storia del contenitore per il pasto è affascinante e risale al monaco buddista Shōjō Shōkadō, vissuto a cavallo fra Cinque e Seicento, che conservava gli strumenti di calligrafia in una scatola allungata in legno laccato suddivisa in scompartimenti. Quando morì, la sua abitazione venne convertita in una casa da tè. Tre secoli dopo, durante l'era Shōwa, il maestro Teiichi Yuki visitò la vecchia abitazione e restò colpito dalla scatola per gli strumenti: decise così di utilizzarla nel suo ristorante con il nome di *Shokado bentō* per servire il *kaiseki*.

L'utilizzo del *bentō* si è poi esteso a varie circostanze, fra cui, per esempio, le pietanze del capodanno (*osechi ryōri*) che vengono oggi servite in scatole laccate (*jūbako*) simili ai *bentō* del periodo Edo.

Nel XIX secolo Edo divenne anche la patria dello street food giapponese, con i primi *yatai* (bancarelle che vendono cibo), diventati subito popolari per i *nigiri sushi*.

La storia del *sushi* è molto antica, ma ciò che è certo è che arrivò in Giappone dalla Cina attraverso la Corea durante il periodo Nara (710-794): in origine il termine definiva semplicemente il pesce conservato mediante la fermentazione del riso con il sale. Da questa tecnica, tuttavia, sarebbero poi derivate tutte le ricette di *sushi* che oggi conosciamo. La versione più vicina a quella attuale apparve tra il 1818 e il 1830 con il nome di *edomae* che significa «davanti a Edo», ovvero nella baia dove si pescavano i pesci secondo un'interpretazione, davanti al castello di Edo secondo un'altra. Il pesce non era crudo, bensì grigliato e, per conservarlo, veniva immerso in aceto o salsa di soia. Il *sushi* nacque come cibo di strada e non era il piatto costoso e raffinato che è diventato.

Tra i più celebri street food del periodo Edo, molto apprezzati ancora oggi, vi erano il *sashimi*, le pietanze lessate o alla griglia, l'anguilla *kabayaki*, la *tempura* e i fritti tra i quali *kakiage* (frittelle di verdure o pesce), *isobe-age* (con alga *nori* o *aonori* nella pastella) e *satsuma-age* (fritto tipico della regione di Satsuma a base di pesce e farina).

Il primo *sushi* non si scorda mai. Ricordo perfettamente quando ebbi l'occasione di mangiarlo per la prima volta: all'inizio degli anni Duemila mi trovavo a Parigi, una città già considerata all'avanguardia in termini di Estremo Oriente, tanto che Rue Sainte-Anne, vicino a Opéra, proprio in quegli anni si stava convertendo in una vera e propria Japan Town. Alloggiavo in un albergo per studenti, scelto dalla mia professoressa di francese in prossimità di quel quartiere (da allora ogni volta che torno a Parigi soggiorno sempre in quella zona): mi si aprì un mondo fatto di ristoranti autentici che non avevo mai visto prima e negozi caratteristici. Ne restai rapita!

In un giorno libero convinsi un paio di compagni – per meglio dire gli unici due che avevano un po' girato il mondo con le proprie famiglie e che non avevano paura di mangiare pesce crudo – a provare il *sushi* insieme a me. Ordinammo un set senza avere un'idea precisa di cosa stessimo per mangiare (ricordo ai gentili lettori che all'epoca non c'erano informazioni via internet a portata di mano come oggi, anzi non esistevano nemmeno gli smartphone) e ci portarono un piatto di *nigiri* misti e *hossomaki*, come oggi so che si chiamano. I *nigiri* erano già conditi con il *wasabi*, che letteralmente mi stappò il naso! Fino a quel momento tutte le persone che conoscevo (e che sono certa non avessero mai mangiato giapponese) mi avevano giurato che il *sushi* aveva lo stesso sapore del sapone: niente di più falso!

Da allora ho maturato la convinzione che apprezzare pienamente il *sushi* è un percorso: essendo una pietanza totalmente e culturalmente diversa da quelle a cui siamo abituati, riuscire a gustarlo pienamente richiede tempo. Poi, se piace, non si torna più indietro. Ormai siamo abituati a mangiare *sushi* fin da bambini, vista la quantità di ristoranti giapponesi presenti sul nostro territorio, e tuttavia, a onor del vero, non so quanti di noi siano davvero abituati a mangiare *sushi* tradizionale. Il mio consiglio è di non lasciarsi intimidire dai pareri altrui, piuttosto lasciatevi guidare dallo chef su cosa e come mangiare, sono sicura che con il tempo lo amerete.

LA FINE DELL'INCANTO

Nel XVIII secolo Edo divenne la città più grande del mondo. Il suo stile di vita era profondamente diverso da quello nelle campagne, dove la miseria aveva provocato sollevazioni contadine che, secondo alcuni storici, furono fra i prodromi dell'acquisizione di una coscienza di classe che pose le basi politiche per il nazionalismo.

Venti di cambiamento arrivarono anche dall'esterno: la presenza degli stranieri in Asia era sempre più forte. Al motto *Sonnō jōi* (Riverite l'imperatore, cacciate i barbari), i nazionalisti estremisti cercarono di arginare i continui tentativi di incursione da parte di Russia, Gran Bretagna e Stati Uniti, ma nel 1853 il Giappone comprese che ogni tentativo di opposizione era vano. Quando il commodoro statunitense Matthew Perry attraccò con le sue navi da guerra nella baia di Edo, i giapponesi, dopo duecento anni di isolamento, si trovarono di fronte l'Occidente. I trattati commerciali imposti dalle maggiori potenze occidentali furono estremamente umilianti per i giapponesi e per questo definiti «trattati ineguali». Lo shock culturale fu enorme e, in un paese fiaccato da terribili epidemie e dal devastante terremoto dell'Ansei (1854-1860), portò anche a numerose fratture intestine.

Con *bakumatsu* (fine del *bakufu*) si indica l'incapacità dello *shōgunato* di imporsi, ossia la fine del proprio potere. ■

LA COSTRUZIONE DI UNA NAZIONE

IL PERIODO MEIJI (1868-1912)

La Restaurazione Meiji (governo illuminato) è la chiave per comprendere il Giappone moderno, il fulcro della storia collettiva dell'intero popolo nipponico.

La fase di occidentalizzazione del Giappone fu estremamente complessa e controversa. Molti giapponesi, a cominciare dai ceti dirigenti, si resero presto conto dell'arretratezza del proprio paese nei confronti dell'Occidente. I sentimenti che tanti giapponesi provavano erano un misto di vergogna, invidia, competizione e odio. Ma se il Giappone voleva essere trattato al pari dell'Occidente, doveva necessariamente modernizzarsi. Lo slogan imperante divenne *Oitsuke, oikose* (Raggiungi, supera).

La leadership Meiji era composta da una oligarchia di ricchi statisti illuminati: circa venti persone che vantavano una formazione neoconfuciana e avevano contatti con studiosi occidentali. La loro teoria di cambiamento si basava sull'idea che il feudalesimo Tokugawa fosse oppressivo, senza peraltro mettere in discussione una concezione assolutista dell'esercizio del potere politico.

Nel 1868 venne dunque eliminato lo *shōgunato* e al suo posto fu istituita una struttura amministrativa piramidale per tutto il paese, con al vertice gli oligarchi, formalmente consiglieri dell'imperatore, di fatto supremi decisori. Il nuovo regime politico fu definito *tennōsei*, «sistema imperiale», e fu inaugurato dal quindicenne Matsuhito protagonista di questo passaggio epocale.

La priorità del nuovo governo fu quella di creare un esercito su modello occidentale per combattere sia i nemici esterni sia l'opposizione interna come quella dei *samurai*,[1] che per moltissimi anni erano stati l'espressione dell'identità nipponica, e a cui fu vietato di portare la spada. Più in generale venne smantellata l'articolazione della società in ceti del periodo Tokugawa: tutti i sudditi divennero uguali agli occhi dell'imperatore.

SPIRITO GIAPPONESE, SCIENZA OCCIDENTALE

Il primo periodo della Restaurazione Meiji fu caratterizzato dal motto *wakon yōsai* (spirito giapponese, scienza occidentale): invece di combattere gli stranieri, i giapponesi decisero di «civilizzare» il paese introducendo e assorbendo le novità portate dagli occidentali per diventare loro pari. Questo impulso venne generalmente condiviso da tutta la popolazione, che avvertiva quasi un senso di vergogna di fronte agli occidentali: sebbene questi ultimi fossero considerati spesso maleducati e sporchi – gli stessi occidentali, a loro volta, frequentando i bagni pubblici erano colpiti, per esempio, dalla cura minuziosa che i giapponesi ponevano nell'igiene personale –, gli stranieri erano i portatori di innovazioni e tecnologia. I giapponesi iniziarono così a adottare lo stile occidentale per farsi accettare e per non farsi deridere.

Il cambiamento venne formalizzato dall'alto e mostrato ai sudditi come la nuova via da seguire: l'imperatrice smise di depilarsi le sopracciglia e colorarsi i denti di nero, e co-

1 Seppur romanzato, il film *The Last Samurai* (*L'ultimo samurai* di Edward Zwick, 2003) mostra la Ribellione di Satsuma, l'ultima sollevazione armata di ex *samurai* contro il nuovo potere.

minciò a vestire abiti in stile vittoriano, mentre l'imperatore si fece tagliare i capelli corti. I capelli lunghi raccolti in una coda erano da sempre associati ai *samurai*. Portarli lunghi e sciolti ricordava viceversa la minoranza Ainu, da sempre vittima di razzismo, e dunque si decise di tagliarli all'occidentale.

Nel vestire, i ceti benestanti si fecero confezionare degli abiti sartoriali su misura, e indossarono anelli e orologi, mentre i meno abbienti mescolarono abiti tradizionali giapponesi con altri considerati moderni. Anche l'esercito adottò delle uniformi in stile occidentale. Ma l'occidentalizzazione dei costumi sembrava arrestarsi sulla soglia di casa: nel privato, infatti, si continuava a indossare il *kimono*.

La vita mondana si riempì di feste e balli in maschera[2] che in qualche modo diventarono un veicolo di relativa democratizzazione del paese, consentendo a uomini e donne di diverso status di parlare tra loro esprimendo il proprio punto di vista liberamente.

LA RIVOLUZIONE PASSA PER LA CUCINA

Uno dei settori che subì una trasformazione radicale fu quello dell'alimentazione, fino ad allora prevalentemente vegetariana in accordo con i precetti del buddismo.

L'imperatore revocò il divieto di consumare carne rossa e il *sukiyaki*, lo stufato di manzo con

2 Ben descritti nel film *Sex and Japan* (di Norifumi Suzuki, 1973).

verdure, funghi e una salsa leggermente dolce a base di soia, diventò il simbolo della nuova moda culinaria. Nella dieta dei giapponesi vennero introdotti alimenti tipici della cucina occidentale, come latte e birra, e di altre cucine asiatiche. Dalla Cina vennero importati i *gyoza*, i ravioli di carne alla piastra con più aglio e una pasta più sottile rispetto ai *jiăozi*, i *nikuman*, panini al vapore ripieni di carne, derivanti dai *baozi*, e il *rāmen.* Dalla Corea arrivarono lo *yakiniku*, «carne alla griglia» derivante dal barbecue coreano, e il *kimchi*, verdure fermentate con spezie.

Molte ricette europee (francesi, italiane e inglesi) furono adattate al gusto locale dando il via alla cucina *yōshoku*, che è tuttora molto apprezzata nel Sol Levante, e non solo.

Moltissimi piatti *yōshoku*, come è facile intuire, sono a base di carne, come la *bīfusutēki* (bistecca di manzo tagliata a fette spesse e grigliata a fuoco vivo), l'*hambāgu* (bistecca di Amburgo, la versione giapponese contiene cipolla, uovo, pangrattato ed è condita con demi-glace) servito per la prima volta a Yokohama, il *nikujaga* (stufato di carne e patate) e il *riso Hayashi* (riso al vapore accompagnato da salsa demi-glace con manzo, cipolle e funghi).

Una delle preparazioni casalinghe più richieste ancora oggi dai bambini giapponesi è l'*omuraisu*, una frittata che racchiude riso con pollo (*chikin rice*) e condita con ketchup. Ispirato al *chakin sushi* (riso in una piccola omelette), l'*omuraisu* è stato inventato dal ristorante di Ginza Rengatei, aperto dal 1895. Una curiosità: per il film *Tampopo* (1985), il ristorante Taimeiken a Tōkyō ha sviluppato una ricetta di *omuraisu* costituita da una frittata semi-cotta che, una volta tagliata, si ripiega fondente sul riso. Questa versione è poi diventata di moda grazie al ristorante Youshokuya Kichi Kichi di Kyoto, che ha reso la preparazione un vero spettacolo che attrae curiosi da tutto il mondo.

Al ristorante Rengatei si deve anche il *tonkatsu*, la celeberrima cotoletta impanata nel *panko* e fritta in stile europeo. Ideata nel 1899 inizialmente con carne di manzo, è stata poi preparata con carne di maiale e condita con salsa speziata scura o senape.

Ma uno dei piatti che oggi consideriamo «cibo nazionale giapponese» è il *karē raisu*: altrimenti conosciuto come «riso al curry», si tratta di riso al vapore servito con curry di carne e verdure (esistono anche ricette con pesce e crostacei). Di fatto, il riso al curry è originario della Gran Bretagna, che l'ha a sua volta importato dall'India: poiché gli inglesi furono i pri-

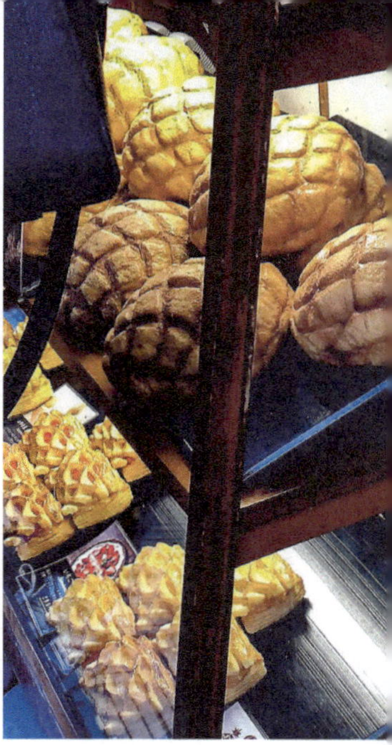

mi a portarlo in Giappone e non gli indiani, è considerato un cibo di provenienza europea. Inizialmente ritenuto un piatto raffinato, veniva servito solo in alcuni ristoranti specifici. Ma dalla fine del periodo Meiji divenne molto popolare insieme al *karē udon* (tagliolini di grano) e al *karē soba* (tagliolini di grano saraceno). Il curry poi compare in altri piatti come il *katsu karē* (cotoletta di maiale servita con riso al vapore e salsa al curry) e il *karē pan* (panino farcito con curry, impanato e fritto).

Anche la pasticceria *yogashi* seguì un analogo processo di ibridazione, come dimostrano il *purin* (o custard pudding, crème caramel giapponese di origine inglese adattato in Giappone nel 1872) e il *melon pan* (pane dolce realizzato dal panettiere armeno noto come Ivan Sagoyan presso l'Imperial Hotel di Tōkyō).

UN CORTOCIRCUITO STORICO

La «civilizzazione» del Giappone si tradusse inoltre nell'adozione del calendario solare al posto di quello lunare, nel boom dell'editoria e nell'introduzione di tecniche artistiche fino ad allora ignote in Giappone, come la pittura ad olio, il ritratto dal vivo, la fusione del bronzo per le sculture: artisti italiani come Antonio Fontanesi e Vincenzo Ragusa furono invitati nella neonata Scuola tecnica di belle arti di Tōkyō (1876) per rinnovare il mondo della pittura e della scultura. Tutto ciò avveniva nello stesso periodo in cui gli occidentali scoprivano la delicatezza degli *ukiyo-e*. Fino a quel momento solo gli olandesi avevano avuto un contatto diretto con le forme artistiche giapponesi ma, dopo l'arrivo in Giappone del

commodoro Perry, molti *ukiyo-e* furono portati negli Stati Uniti e successivamente a Parigi, dove furono perlopiù considerati una forma d'arte inferiore rispetto a quella occidentale. Le cose cambiarono dopo l'Esposizione Internazionale di Parigi del 1867 dove artisti come Hiroshige e Hokusai destarono grande interesse. Il critico d'arte Philippe Burty coniò il termine *japonisme* (giapponismo) per indicare la profonda influenza che l'arte giapponese avrebbe avuto su artisti occidentali tra i quali Vincent van Gogh, Édouard Manet, Edgar Degas, Claude Monet, Henri de Toulouse-Lautrec, Alfons Mucha, Paul Gauguin e Gustav Klimt. Il giornalista e iamatologo Lafcadio Hearn tentò di spiegare il carattere folkloristico e oscuro del Giappone, l'orientalista Ernest Francisco Fenollosa insegnò filosofia ed economia politica all'Università di Tōkyō e fondò la moderna storia dell'arte giapponese secondo i canoni occidentali, Giacomo Puccini in *Madama Butterfly* compose un capolavoro assoluto dell'opera italiana sulla cosiddetta «tragedia giapponese» di Illica e Giacosa. Fu un cortocircuito storico: gli artisti traevano reciprocamente ispirazione da mondi lontani alla ricerca della stessa cosa, ovvero la verità nella vita quotidiana.

Da un sistema feudale il Giappone si convertì in poco tempo in una nazione industrializzata, tanto da diventare il primo produttore di seta al mondo. Emblemi di questo cambiamento furono il treno e l'imponente Stazione di Tōkyō, costruita secondo l'architettura occidentale. A questo proposito, ecco una curiosità: si pensa che il primo *ekiben* (da «eki», stazione e «ben», *bentō*), un panino, sia stato venduto nel 1892 alla stazione di Ofuna, Kamakura. Oggi è possibile scegliere tra decine di *ekiben* diversi nelle stazioni del Giappone, da consumare durante il viaggio comodamente seduti a bordo dello Shinkansen, il treno ad alta velocità.

IL MODELLO OCCIDENTALE

La prima parte della Restaurazione Meiji aveva raggiunto l'obiettivo che si era prefissa l'oligarchia: occidentalizzare il paese, renderlo economicamente forte al fine di farsi accettare come pari dall'Occidente. Il cambiamento di rotta delle politiche interne ed estere cominciò nel 1895, quando l'esercito giapponese sconfisse la Cina per il controllo della penisola coreana. Anche il Giappone, come le nazioni occidentali, era entrato in una fase espansionistica.

Nel 1889 si diede una Costituzione, prendendo a modello quella tedesca di Bismarck: pubblicata l'11 febbraio, lo stesso giorno della fondazione dello Stato giapponese (11 febbraio 660 a.C.), essa fu la prima costituzione al di fuori del mondo occidentale.

La figura del *tennō* come inviolabile e discendente dalla dea *shintō* Amaterasu, patriarca dello stato-famiglia giapponese, fu rimarcata con maggiore forza e sacralità. Il popolo partecipò ai festeggiamenti urlando *banzai* (evviva) e accolse con entusiasmo i nuovi simboli dell'unità nazionale: la bandiera imperiale, il ritratto degli imperatori, l'inno nazionale *kimi ga yo* e le lanterne.

Primo veicolo per rafforzare il concetto di identità nazionale nipponica fu naturalmente la scuola: l'istruzione fu resa obbligatoria sul modello francese con classi di lingua giapponese. Inizialmente nelle scuole circolavano libri occidentali tradotti in giapponese, ma quando l'imperatore denunciò la pericolosità dei messaggi di egualitarismo e di diritti individuali, gli eroi occidentali vennero sostituiti con figure virtuose prese dal confucianesimo.

Il ciclo completo di studi era ideato per i sudditi di sesso maschile. Le femmine erano destinate a diventare mogli e madri, secondo i valori di purezza e frugalità del confucianesimo che, ormai completamente scisso dal buddismo, assurse a colonna portante dell'identità nazionale e venne promosso attraverso un dicastero degli Affari religiosi appositamente istituito.

Il Giappone «moderno» alla fine dell'Ottocento si rese finalmente visibile all'esterno soprattutto attraverso le esposizioni universali, dove molti occidentali riuscirono a vedere per la prima volta i giapponesi rimanendo a «casa loro», e furono conquistati dalla loro educazione, pulizia e precisione. Tuttavia, la fine dell'isolazionismo provocata dall'Occidente aveva messo in moto un processo storico inarrestabile, destinato a sfuggire completamente al controllo occidentale.

Se nel 1854 il commodoro Perry aveva costretto il Giappone a subire la presenza americana, durante la breve Era Taisho (grande rettitudine», 1912-1926) il Giappone divenne un crescente «pericolo giallo» per gli statunitensi. Da quando i confini nazionali erano stati aperti, infatti, moltissimi giapponesi emigrarono in California e nelle isole Hawaii[3] (la cui annessione agli USA era stata deliberata nel 1898), dove si distinsero in ambito lavorativo, accumulando spesso notevoli ricchezze. Per reazione, gli Stati Uniti promulgarono leggi progressivamente più restrittive, basandosi fra l'altro su una sentenza della Corte suprema che avallava la legittimità della segregazione razziale, fino alla legge sull'immigrazione del 1924 che pose fine all'immigrazione asiatica. Per quanto i giapponesi si sforzassero di imitare i bianchi non sarebbero mai stati considerati come tali. ■

3 La presenza di una grande comunità di giapponesi alle Hawaii ha portato all'evoluzione del piatto locale più conosciuto e particolarmente in voga oggi, il poke. Per un approfondimento cf. «Poke: genesi ed evoluzione», https://www.cookingwiththehamster.com/poke-genesi-ed-evoluzione

AGLI ALBORI DEL CONSUMISMO

●

IL PERIODO SHŌWA (1926-1950)

L'imperatore Hirohito, in carica dal 1926, inaugurò l'era Shōwa (pace illuminata) che si chiuse con la sua morte nel 1989. I primi decenni di regno coincisero con l'avvio di una società consumistica, rappresentata da grandi magazzini, luci al neon, cinema e riviste femminili. Simbolo per eccellenza furono i bar in stile europeo dove consumare caffè, cocktail e, soprattutto, ascoltare il jazz. Alle *chaya* tradizionali dove si beveva il tè, negli anni Venti si affiancarono i *kissaten*, di gran moda ancora oggi in tutto il paese, i locali di tendenza dove si poteva trovare il caffè, che in Giappone era arrivato nel Seicento con gli olandesi, ma che divenne popolare solo all'inizio dell'era Shōwa.

Gli interni dei *kissaten* diventarono un archetipo di modernariato giapponese: mobili in legno, specchi, luci soffuse e mattoni rossi – gli stessi di alcune costruzioni di Ginza risalenti al periodo Meiji o della celebre Stazione di Tōkyō, realizzate per imitare l'architettura europea. Kahisakan fu il primo *kissa* (al singolare) aperto a Tōkyō nel 1888, di chiara ispirazione francese.

Contemporaneamente, pietanze di derivazione europea continuarono la propria evoluzione con ricette di successo come il *doria*: riso pilaf cosparso di béchamel e passato al gratin. Si tratta di un piatto probabilmente improvvisato negli anni Trenta dalla svizzera Sally Weil, prima executive chef dello Yokohama Hotel New Grand, che lo servì a un banchiere europeo. Il nome di questo piatto giapponese deriva da Andrea

Doria, ammiraglio genovese del XVI secolo, le cui competenze marine erano omaggiate dalla presenza di gamberetti.

Fin dall'Era Meiji il pane bianco servito senza crosta era diventato estremamente popolare. Lo *shokupan*, il pane giapponese morbidissimo, di probabile origine inglese, veniva utilizzato per fare panini al prosciutto, verdure o uova (*tamago sando*) nelle caffetterie e nei café dei grandi magazzini. In quel periodo, il ristorante Isen nel quartiere Ueno di Tōkyō ideò anche il famosissimo *katsu sando* (panino con la cotoletta di maiale) per le *geisha* della zona.

Il ristorante specializzato in dolci Ginza Wakamatsu inventò, invece, l'*anmitsu*: sorta di macedonia e simbolo dell'estate, preparato con *anko* (marmellata di *azuki*), cubetti di gelatina, frutta sciroppata e sciroppo di zucchero.

Molti ristoranti iniziarono inoltre a presentare in vetrina i *sampuru*, fedelissime riproduzioni dei piatti in menù, per aiutare i clienti nella scelta.

I «roaring twenties» nipponici, amplificati dall'ingresso ufficiale del Giappone fra le grandi potenze con la partecipazione vittoriosa al primo conflitto mondiale a fianco dell'Intesa, terminarono bruscamente con gli effetti a catena della Grande Depressione americana del 1929. La crisi economica colpì profondamente anche la società e i costumi giapponesi. La moderna ed emancipata *modan gāru* (modern girl) che negli anni Venti frequentava i locali di tendenza insieme agli intellettuali scivolò nella figura della cameriera dei bar, meta del ceto medio impiegatizio. E poiché la concorrenza fra i locali era spietata in un'epoca di crisi, molti proprietari chiedevano alle ragazze di essere «cordiali» con i clienti. Le modern girls (e i modern boys) diventarono così i protagonisti dell'*ero-guro nansensu* (nonsense erotico-grottesco), un fenomeno sociale e artistico che univa elementi del macabro e del bizzarro con altri erotici. Le origini di questa corrente affondano nel folklore e nella mitologia del Giappone, molti dei temi ricorrenti erano stati rappresentati anche durante il periodo Edo da celebri artisti come Hokusai Katsushika (蛸と海女 – Il sogno della moglie del pescatore, 1814).

E se in città si assisteva a un processo di decadenza culturale e dei costumi sessuali,[1] nelle zone rurali le cose non andavano meglio: le famiglie più povere mandavano le figlie a lavorare nelle fabbriche tessili o, in alternativa, nelle case di tolleranza. Ma, diversamente dall'immagine cinematografica che ne abbiamo, ben poche finivano nelle

1 Perfettamente illustrato nei suoi *manga* dall'artista e fumettista Suehiro Maruo alla fine degli anni Ottanta.

eleganti *okiya* di Kyoto: la maggior parte diventava *geisha* di campagna conducendo una vita durissima.

IL GRANDE GIAPPONE

La stagnazione economica spinse il governo giapponese a intraprendere una politica espansionistica nel continente asiatico e nel Pacifico, giustificata anche in termini di rivalsa nei confronti dei paesi occidentali che, nel Trattato di Versailles del 1919, pur riconoscendo al Giappone il ruolo di potenza mondiale e assegnandogli un seggio permanente nel Consiglio della Società delle Nazioni, avevano rifiutato di inserire una clausola di uguaglianza razziale.

Dopo un periodo di tagli alle spese militari, negli anni Trenta si assistette, analogamente ad altri paesi europei, a una massiccia politica di riarmo parallelamente a un'attenta educazione delle masse, a partire dalla scuola. Canti e poesie diventarono veicolo dell'ideologia nazionalista; furono organizzate gite presso i maggiori templi shintoisti a onorare gli avi, e realizzate recite scolastiche in cui i bambini facevano i soldati e le bambine le infermiere.

Nel 1937 venne pubblicato il *Kokutai no Hongi* (Principi fondamentali della nazione), testo basilare del *tennōsei* che venne promulgato in tutto il sistema scolastico e che rafforzava ulteriormente l'adorazione dell'imperatore da parte dei sudditi e che prevedeva il raggiungimento dell'apice dell'armonia con il sacrificio della vita del singolo per il sovrano che incarnava la nazione giapponese.

Nella preparazione dell'esercito, un grosso capitolo riguardò l'alimentazione: la dieta dei soldati venne minuziosamente analizzata in pubblicazioni ad hoc che descrivevano la tipologia dei pasti, la loro ripartizione in razioni portatili con tanto di informazioni nutrizionali. Al fine di mantenere alto il morale dell'esercito, si tentò di ricreare il gusto delle pietanze delle madri che cucinavano a casa, ossia il *kokumishi*: il cibo più apprezzato, sintetizzato in quegli anni nel «cibo nazionale del Giappone». Non mancavano dunque zuppe, riso, stufati, dolcetti a base di riso glutinoso e panini.

Per rafforzare l'uso della lingua nazionale anche nelle colonie, dalla Corea a Taiwan, il Giappone esportò una grande quantità di prodotti mediatici che crearono tendenze culturali e istituirono canoni estetici: libri, prodotti di bellezza, riviste di moda, musica e narratori del cinema muto. Di pari passo, si sviluppò anche il cosiddetto «kitsch coloniale»:[2] in Giappone si diffusero le *ehagaki* (cartoline illustrate) e i francobolli con immagini di individui colonizzati, fra cui la *kisaeng*, un'intrattenitrice coreana ritratta in maniera molto semplice per sottolineare il divario che la separava dalla *geisha*. Dei taiwanesi, invece, fu enfatizzato il cannibalismo delle tribù indigene, così come il taglio delle teste (pratica invece propria dei *samurai*, che le portavano al proprio comandante come trofei), proprio al fine di giustificare l'intervento «civilizzatore» dei giapponesi.

L'apice della politica imperialistica giapponese fra gli anni Trenta e Quaranta, e il più grande conflitto asiatico del XX secolo, fu la seconda guerra sino-giapponese che nel 1937 portò alla conquista dell'allora capitale della Cina, Nanchino, e al famigerato massacro di 300 mila cinesi. Schierati contro il Giappone, gli Stati Uniti attuarono pesanti sanzioni economiche provocando l'avvicinamento del Giappone a Italia e Germania suggellato nel patto Tripartito del 1940. Mentre l'Europa era già precipitata in una nuova guerra, il braccio di

2 Così definito da Nayoung Aimee Kwon nel suo libro *Intimate Empire* (2015).

ferro tra Giappone e Stati Uniti, che avevano posto un embargo su ferro, acciaio e petrolio se i giapponesi non avessero ritirato le truppe dalla Cina e dall'Indocina francese, si concluse, com'è noto, con l'attacco giapponese di Pearl Harbor del 7 dicembre 1941 che coinvolse anche le due maggiori potenze extraeuropee nel conflitto.

I militari giapponesi si distinsero in combattimento per ardore e patriottismo. Diversamente dagli occidentali, che dipingevano come indeboliti dall'egoismo e dall'individualismo, erano cresciuti educati al desiderio di sacrificare la vita per il dio-imperatore. L'idea di combattere fino alla morte non era qualcosa di recente ma affondava le radici spirituali nel *bushidō*: la vita di un guerriero deve culminare in una morte onorevole. Queste convinzioni inossidabili che gli Alleati riconoscevano nei giapponesi li spinsero a pensare che l'intero popolo sarebbe potuto arrivare ad annientarsi, piuttosto che arrendersi, attraverso un suicidio di massa chiamato *ichioku gyokusai* (l'autodistruzione di cento milioni come un gioiello che si frantuma).

VENTO DIVINO E UMANIZZAZIONE

I primi successi conseguiti portarono a uno stato di euforia misto a una sensazione di invincibilità, ma una serie di contraccolpi smorzarono progressivamente l'entusiasmo dei militari giapponesi che, quando nel 1944 compresero che la battaglia per il controllo sul Pacifico volgeva nettamente a favore degli Stati Uniti, misero in atto un'inedita strategia difensiva: l'uso sistematico di piloti suicidi, altrimenti conosciuti come *Shinpū Tokubeshi Kōgekitai* (Forze speciali di attacco del vento divino). Una definizione che proveniva dal «vento divino» (*kamikaze* o *shinpū*) che aveva protetto le coste giapponesi dall'invasione mongola nel XIII secolo. Nella versione contemporanea consisteva nel lancio di bombe da aerei che non avevano abbastanza carburante per tornare alla base, guidati da piloti spesso adolescenti e con un livello di addestramento minimo.

Com'è noto, il rifiuto di accettare la sconfitta a guerra già terminata in Europa portò alla prosecuzione dei combattimenti nel Pacifico, anche oltre la Dichiarazione di Potsdam del 26 luglio 1945 con cui il presidente americano Truman, il primo ministro britannico Chrurchill e il presidente del governo della Repubblica cinese Chiang Kai-shek ponevano le condizioni per la resa incondizionata del Giappone, pena la distruzione totale e immediata del paese.

Nei confusi giorni che seguirono, apparve tuttavia chiaro il sostanziale rigetto delle richieste alleate. La resa del Giappone non avvenne nemmeno dopo che gli Stati Uniti ebbero sganciato due bombe atomiche su Hiroshima il 6 agosto e su Nagasaki il 9, provocando 140 mila vittime nell'immediato e 120 mila nei giorni successivi. Solo il 14 agosto, dopo giorni di continui bombardamenti americani, l'imperatore Hirohito accettò di fare al popolo un discorso che il giorno successivo fu trasmesso via radio: per la prima volta la maggior parte dei sudditi sentì la sua voce. Il suo linguaggio colto non fu capito da tutti, il discorso era vago e non faceva esplicitamente cenno alla resa del Giappone. Lasciava intendere piuttosto che il paese aveva interrotto i combattimenti per salvare il genere umano dalla minaccia di distruzione totale.

L'esperienza della bomba atomica aveva generato nei giapponesi l'idea di essere stati delle cavie di una guerra razziale. I *hibakusha*, le vittime sopravvissute, finirono per sentirsi discriminati a causa delle ferite e delle malformazioni, e molti di loro si sentivano in colpa per essere rimasti in vita. In sostanza, la fine della guerra non fu percepita come la fine delle

sofferenze, semmai un nuovo inizio. I *kamikaze* non avevano salvato la patria, il paese era devastato, la miseria dilagava e il cibo diventò la nuova ossessione, con il conseguente fiorire del mercato nero dei generi alimentari. Omoide Yokochō, situato a pochi passi dal quartiere Kabukichō a Tōkyō, fu uno dei principali mercati neri della città, oggi meta turistica ricca di locali in stile *izakaya* (taverne tipiche giapponesi).

La disillusione e il senso di tradimento perpetrato dalle istituzioni indusse al suicidio numerosi civili. Con il 2 settembre 1945 ebbe poi inizio l'occupazione degli Stati Uniti sotto il comando di Douglas MacArthur: i giapponesi temevano dure rappresaglie, ma il generale americano, che si presentò senza guardie, vestito in maniera informale e con una pipa di granoturco in bocca, cercò di favorire un clima collaborativo. I giapponesi rimasero sconvolti ma anche affascinati dagli statuari soldati statunitensi, ai loro occhi ben vestiti, nutriti e sorridenti mentre giravano masticando chewing gum. Dovevano per forza essere potenti e ricchi.

Negli anni dell'occupazione il Giappone dovette cedere tutti i territori conquistati militarmente e risarcire i paesi depredati. L'esercito e la marina furono smantellati e l'idea della guerra come mezzo per risolvere le controversie internazionali venne formalmente bandita nell'articolo 9 della nuova Costituzione, praticamente redatta dalle autorità statunitensi e tuttora in vigore.

Verso Hirohito, MacArthur usò molta cautela: conosceva bene il valore simbolico dell'imperatore che riassumeva in sé l'unità della nazione e per questo decise, fra opinioni contrastanti, di non eliminarne l'istituzione. Piuttosto, con la Dichiarazione di umanità (*Ningen Sengen*) del 1946, l'imperatore perse il suo carattere sacrale.

Parallelamente al ridisegno delle istituzioni, iniziò una grande campagna di democratizzazione della società, a partire dalla scuola, con la revisione di tutti i testi scolastici che vennero epurati da ogni traccia di nazionalismo, e dalla condizione della donna, che ottenne il diritto di voto e la parità giuridica.

Pur fra mille contraddizioni, sotto l'egida degli Stati Uniti e l'impronta personale del generale MacArthur, il «nuovo» Giappone si avviava a essere ancora protagonista nello scenario internazionale. ■

オリンピック
19

PER LA PATRIA E PER L'AZIENDA

●

IL PERIODO SHŌWA (1950 -1980)

Nel dopoguerra e durante la Guerra Fredda il Giappone seppe sfruttare le politiche di rilancio degli Stati Uniti allo scopo, ancora una volta, di diventare una superpotenza mondiale. Il nazionalismo venne trasformato nella volontà di primeggiare nel mercato internazionale, il patriottismo divenne dedizione alla causa aziendale.

Gli anni Cinquanta in Giappone rappresentarono la ricostruzione fisica e morale di un Paese colpito sotto ogni punto di vista: il passaggio dalla società rurale a quella metropolitana è stato rappresentato con immensa malinconia nel realismo di Ozu Yasujirō. Egli ha saputo mostrare la vita delle persone comuni, il disfacimento della famiglia e delle tradizioni sotto i colpi della modernità e del capitalismo. Emblema della sua filmografia è *Tōkyō monogatari* (*Viaggio a Tokyo*, 1953), in cui una coppia di anziani parte dalla provincia di Hiroshima per raggiungere i figli nella caotica capitale. Presi dalla frenetica vita di tutti i giorni e dal lavoro, i figli non hanno tempo per i genitori, simbolo di un Giappone che non esiste più.

Ho visto questo film da ragazzina: le atmosfere apparentemente banali, perché normali, e l'estrema onestà di ciò che viene detto dai protagonisti, così come l'esattezza degli spazi domestici mostrati restituiscono un simulacro della memoria perduta. Gli orologi, il vapore dei treni, il fumo della sigaretta, tutto in questa pellicola diventa ritratto di una vita estremamente difficile e poco attraente, ma che allo stesso tempo riesce a commuovere per un periodo storico che non abbiamo vissuto e che però ci manca terribilmente. Ogni volta che rivedo *Viaggio a Tokyo* mi viene il desiderio nostalgico di tornare nella capitale del Giappone per perdermi nelle strade secondarie, nei quartieri dove i turisti non andrebbero mai, lì dove la vita quotidiana scorre immutata.

LA RISCOSSA DEL SARARĪMAN

Non fu solo il cinema a fare conoscere al mondo il grande talento dei giapponesi, maestri di disciplina e perfezionismo. Durante gli anni Sessanta e Settanta il Giappone si distinse per un progresso tecnologico che non ha eguali. Toshiba, Sony, Panasonic, Mitsubishi e NEC sono solo alcune delle maggiori industrie che si affermarono nella produzione di computer, videocassette, telefoni, strumenti di uso quotidiano, che cominciarono ad arrivare nelle case occidentali.

Tra gli oggetti divenuti estremamente popolari anche nella cultura di massa occidentale spiccano il *walkman* e il *karaoke*, simbolo ancora oggi del tempo libero dei giapponesi. Ideato dagli statunitensi e migliorato a Kōbe da Daisuke Inoue, il *karaoke* è diventato oggetto di studio perché ha aiutato a definire una figura chiave dei soggetti sociali del Sol Levante: il *sararīman* (letteralmente lavoratore salariato). Furono infatti i dipendenti degli uffici i primi a trascorrere le serate dopo il lavoro cantando al *karaoke*, in compagnia del capo ufficio e dei colleghi, ma anche da soli.

Il *sararīman* è emblematico di una generazione e di una grossa fetta di popolazione a partire dagli anni Cinquanta.

Figura centrale della classe media, indossa una divisa composta da pantalone, giacca e cravatta, camicia bianca e l'immancabile valigetta, prende lo stesso treno ogni mattina sempre alla stessa ora portando con sé il *bentō* preparato dalla moglie, la sera va al *karaoke*, a cena all'*izakaya* oppure a casa con la famiglia. I suoi valori sono la massima dedizione all'azienda per cui lavora, l'etica del sacrificio, il perseguimento di un contratto di lavoro stabile che garantisca uno stipendio fisso e obiettivi a lungo termine, come l'acquisto di una casa e avere figli.

Il suo motto? *Mai homo shugi* (dall'inglese *my home*), vicino al modello sociale americano: la famiglia nucleare in cui il padre lavora, la moglie è una massaia e tutti perseguono il successo dell'azienda.

Se volete vederlo in azione, vi consiglio di guardare *Sōshun* (Inizio di Primavera, 1956) di Ozu Yasujirō, in cui il protagonista maschile è un impiegato di Tōkyō, che si trova di fronte alla difficile scelta di abbandonare la moglie per un'altra donna, scardinando così la sua famiglia.

LA REALTÀ DIVENTA POP: *ANIME* E *MANGA*

Gli anni Sessanta furono costellati da storie, immagini, narrazioni: gli *anime* (cartoni animati) e i *manga* (fumetti). Attraverso queste pubblicazioni, per la prima volta dal dopoguerra moltissimi autori ebbero la libertà di potersi esprimere senza censura, soprattutto gli attivisti e i dissidenti.

Sebbene *I Flintstones* e *Popeye* spopolassero ovunque, fu *Astroboy* a cambiare le sorti dell'animazione nel Sol Levante. Ideato da Tezuka Osamu dopo avere studiato i classici di Walt Disney (soprattutto *Biancaneve* e *Bambi*), *Astroboy* fu uno dei primi *anime* della storia. Uscì nel 1963, anno in cui Tōkyō divenne la città più grande del mondo, con i suoi oltre dieci milioni di abitanti: agli occhi dei ragazzini di Tōkyō, la megalopoli di *Astroboy* appariva proprio come la loro città.

In Italia i primi *anime* ad arrivare, e tra i più amati, furono i lavori di Gō Nagai: *Devilman*, *Mazinga Z*, *Atlas UFO* (altrimenti noto come *UFO Robot Goldrake*), cui seguirono *Lady Oscar,*[1] *Kimba il leone bianco*, *Lupin III*, *La principessa Zaffiro*. E poi *Capitan Harlock*, *Galaxy Express 999*, *Danguard A*, *Queen Emeraldas*, *La corazzata Yamato* di Matsumoto Leiji, l'autore che più di ogni altro ha saputo iniettare nelle sue produzioni la poetica e il sentimento del Giappone del suo tempo. Tutti i suoi personaggi portano le ferite della sconfitta, della malinconia, della precarietà di un mondo che potrebbe scomparire da un momento all'altro e della paura verso un attacco violento e alieno.

La quasi totalità delle produzioni di quel periodo erano una metafora del Giappone del dopoguerra, distrutto e in balìa di una situazione di difficile comprensione. Molti sono i personaggi soli e vagabondi, proprio come lo erano i bambini che la guerra aveva reso orfani – basti pensare a *Heidi* o *Tiger Man*. C'è sempre un sentimento di perdita unito alla volontà di creare un gruppo, una famiglia surrogata, di salvare qualcuno o qualcosa, di fare del bene dopo tanto male scellerato e inspiegabile. Il tutto si mescola spesso e volentieri con i *mecha* (robot guidati da un umano al loro interno), le astronavi e la tecnologia sofisticata, figura retorica della rapida industrializzazione del Giappone sia nella Restaurazione Meiji, sia nell'immediato dopoguerra per cercare di competere con il resto del mondo. Titoli di enorme successo come *Gundam*, *Candy Candy*, *Daitarn 3*, *Anna dai capelli rossi*, *Hurricane Polimar* accompagnarono un'intera generazione di spettatori fino agli anni Ottanta.

Al contrario dei cartoon statunitensi, auto-conclusivi, atemporali, e ricchi di gag, gli *anime*, ieri come oggi, raccontano il presente e, così come i *manga*, non sono rivolti

1 Approfondimento sul blog: «Riyoko Ikeda: Lady Oscar e la moda», https://www.cookingwiththehamster.com/riyoko-ikeda-lady-oscar-e-la-moda

solamente a un pubblico di bambini. Certamente esistono dei prodotti per i più piccoli, ma tantissimi titoli sono destinati a un pubblico adulto. Questo aspetto, ancora oggi molto difficile da comprendere per gli occidentali, unito alla presenza esplicita della violenza, della nudità e al linguaggio scurrile, ha indotto editori e case di distribuzione stranieri a censurare pesantemente *anime* e *manga* con il risultato di proporre vere e proprie storpiature. L'Occidente sembrava affamato di prodotti culturali di massa giapponesi, ma solo addomesticati. E l'immagine del Giappone che veniva restituita era spesso lontana dalla realtà.

Tra tutti gli *anime* della mia infanzia 銀河鉄道999, *Galaxy Express 999* di Matsumoto Leiji è sicuramente quello che ha lasciato il segno maggiore nei miei ricordi, plasmando il mio carattere spesso nostalgico e malinconico.
Metafora della meccanizzazione del Giappone per rinascere come potenza in grado di rapportarsi con l'Occidente, la serie di *Galaxy Express 999* che andò in onda fra il 1977 e il 1981 mette in scena il futuro distopico di una società moralmente decaduta e culturalmente distrutta. Nella città di Megalopolis gli abitanti più facoltosi vivono fino a duemila anni grazie a pezzi di ricambio meccanici che a mano a mano sostituiscono le parti del corpo che non funzionano più. Per raggiungere Megalopolis, Masai e Maetel, i due protagonisti, intraprendono un viaggio interstellare a bordo del Galaxy Express 999, una locomotiva a vapore[2] su misura degli esseri umani

2 La locomotiva a vapore è ispirata alla C-62 delle ferrovie nazionali giapponesi. Il treno ha da sempre rappresentato l'emblema dell'innovazione meccanizzata del Sol Levante.

che partono come tali ma che finiranno per non esserlo più. Durante il viaggio Masai e Maetel fanno tappa in vari pianeti, che rappresentano vizi, debolezze e sogni infranti degli esseri umani, ovvero i modelli di vita sui quali il genere umano ha basato le varie forme di civiltà.

Galaxy Express 999 è la serie più tragica, pessimista e depressiva di Matsumoto. Sicuramente non è un *anime* destinato a un pubblico giovanissimo visti i temi trattati, ma è un'opera capace, più di altre, di lasciare un segno profondo in chi la guarda, perché mette lo spettatore di fronte alla superficialità dell'uomo, e insieme dà lezioni di vita senza tempo.

IBRIDAZIONE CULINARIA

Negli anni Settanta la popolazione giapponese era costituita da famiglie con un reddito stabile, le cui abitudini stavano cambiando grazie a un forte potere di acquisto. Ormai era consuetudine uscire tutti insieme, per esempio, per fare shopping e mangiare nei *famiresu* (family restaurant).

Il family restaurant è una formula della ristorazione nipponica estremamente popolare che consiste in accoglienti e ampie catene di ristoranti in cui famiglie o gruppi di persone possono consumare un pasto completo a prezzi contenuti. I menù, interamente fotografati, propongono piatti statunitensi (Bikkury Donkey, Jonathan's, Coco's), giapponesi (Gusto, Coco Ichibanya, Go! Go! Curry), *yōshoku* (Saizeriya, Royal Host, Joyfull) o cinesi (Bamiyan).

Nei ristoranti che propongono cucina *yōshoku* è possibile ordinare spaghetti «dal sapore italiano» che da sempre creano stupore nei turisti che li scoprono per la prima volta. Fin dagli anni Cinquanta, infatti, il Giappone era stato protagonista di un vero e proprio boom della pasta (così come dei prodotti da forno) grazie al contributo statunitense di ingenti carichi di grano, al fine di bilanciare la dieta estremamente povera dei giapponesi usciti dalla guerra. Non solo *rāmen* quindi, bensì spaghetti secondo uno stile italiano molto fantasioso.

I capostipiti furono i *naporītan spaghetti* (o *neapolitan spaghetti*): la ricetta fu ideata da Irie Shigetada, cuoco del New Grand Hotel di Yokohama, che prese ispirazione dalle razioni militari in dotazione all'Allied Military Government. Invece della salsa fresca di pomodoro, che non era disponibile, utilizzò il ketchup insieme a funghi, cipolla, peperoncino verde e bacon.

Fino agli anni Sessanta era molto difficile trovare ingredienti freschi di qualità, quindi ci si arrangiava con ciò che si poteva acquistare a poco prezzo, come le foglie di perilla per ricreare la «pasta al basilico».

La *mentaiko pasta* (con uova di merluzzo dell'Alaska), inventata nel 1967 nel ristorante Kabe no Ana per un musicista e cliente affezionato che desiderava un piatto di spaghetti al caviale, divenne particolarmente celebre. Poiché il caviale aveva costi proibitivi, lo chef lo sostituì con il *mentaiko*. Lo stesso ristorante ideò inoltre i *wafū kinoko spaghetti* con salsa di soia, funghi e bacon.

Famosi anche gli *spaghetti mizore* (*mizore* indica la neve bagnata, rappresentata dal ravanello grattugiato), i *nattō spaghetti* con fagioli di soia fermentati, gli *spaghetti maionese e salsa di soia*, ideati dallo scrittore Makoto Shiina che da giovane aveva lavorato in un ristorante italiano e che sono diventati noti grazie ai suoi libri, e gli *ankake spaghetti*, tipici della città di Nagoya, che vengono bolliti, poi piastrati e infine conditi con una salsa di fagioli cinesi al sapore di pomodoro.

Negli anni Settanta presero piede anche le grandi catene di fast food statunitensi (o con uno stile di cucina americano), che contribuirono a cambiare lo stile alimentare di molte persone. Tra le più importanti *Mr. Donut*, specializzato in ciambelle, *McDonald's*, *MOS Burger*, *Lotteria*, celebre per l'hambur-

ger ai gamberetti, e *First Kitchen*, specializzato in bacon egg burger. Particolarmente interessante è il caso di *KFC* (Kentucky Fried Chicken): aperto per la prima volta a Nagoya nel 1970, al quarto anno di attività lanciò la campagna «Kentucky for Christmas» con i «party barrels», cestelli di pollo fritto da consumare la sera di Natale. Questa proposta, unita a un jingle accattivante, ebbe incredibilmente fortuna tanto che ancora oggi è consuetudine ordinare da KFC per il 25 dicembre.

VERSO UN GRANDE AVVENIRE

Alla fine degli anni Settanta, nonostante «i Nixon shock»,[3] la crisi petrolifera in seguito alla guerra dello Yom Kippur del 1973 e il blocco delle esportazioni di petrolio da parte dei paesi arabi, e i danni ambientali causati dall'industrializzazione massiccia, il Giappone stupì il mondo diventando la seconda potenza economica mondiale dietro agli Stati Uniti. Nessuno aveva previsto una crescita tanto veloce e significativa in così poco tempo: il piano del primo ministro Ikeda per raddoppiare il reddito aveva duplicato in pochi anni il reddito medio delle famiglie, di pari passo con l'aumento del Pil. Secondo i sondaggi d'opinione dell'epoca, la quasi totalità dei cittadini giapponesi riteneva di appartenere al «ceto medio», fiero dei successi economici del paese che i giornali di tutto il mondo indicavano come «il nuovo gigante asiatico». Per molti intellettuali dell'epoca la Restaurazione Meiji si era finalmente e definitivamente compiuta. ■

---

3 Il primo fu il riavvicinamento degli Stati Uniti alla Cina, con una visita di Kissinger a Pechino nel 1971 e una di Nixon l'anno successivo all'insaputa del Giappone; il secondo fu la sospensione della convertibilità del dollaro in oro e l'introduzione del cambio fluttuante della valuta americana. Fra gli effetti, il dollaro si svalutò nei confronti dello yen sfavorendo quindi le esportazioni dei beni giapponesi.

IL MIRACOLO ECONOMICO

IL PERIODO SHŌWA
(1980 - 1989)

Gli occidentali hanno spesso utilizzato la parola «miracolo» per indicare la storia moderna giapponese, la Restaurazione Meiji con la conseguente modernizzazione del paese, la rinascita dal dopoguerra, e per indicare gli anni Ottanta.

Alla base di questo continuo fiorire e rifiorire del Giappone c'è una grande capacità pragmatica nel gestire le situazioni, il desiderio di imparare dagli altri migliorando costantemente fino a raggiungere la perfezione in ogni campo, l'uso dell'istruzione (è il paese con la percentuale più alta di alfabetizzazione al mondo), la valorizzazione della forza di gruppo e il rispetto, nonché l'accettazione dell'autorità.

All'inizio degli anni Ottanta il tasso di crescita del Giappone era stabile al 4% e i suoi prodotti erano esportati ovunque. Con un reddito pro capite tra i più alti del pianeta (almeno sulla carta) e lo yen forte, i giapponesi iniziarono a viaggiare all'estero in grandi comitive acquistando orologi Rolex in Svizzera, borse Louis Vuitton a Parigi, abiti Armani a Milano, preziosi *omiyage* (souvenir da portare ad amici e parenti) di design e giravano per Ginza e Roppongi in Mercedes, Bentley e Bmw. Per qualche anno l'Occidente ha avuto la percezione che i giapponesi volessero comprare il mondo.

ALTA MODA: DECOSTRUTTIVISMO

Come è noto, i cambiamenti sociali vengono registrati innanzitutto dalla moda. Non è un caso, infatti, che proprio gli anni Ottanta furono il palcoscenico di stilisti e designer destinati a cambiare le inossidabili regole di matrice occidentale fino a quel momento perseguite.

Fino alla fine del decennio precedente il focus dell'alta moda era concentrato sulle «big four»: Parigi, Milano, Londra e New York erano le uniche città che dettavano i canoni estetici e tutto il mondo era rivolto a quelle passerelle per capire cosa indossare. Lo stile imperante di tipo occidentale prima di quel momento non era mai stato messo in discussione.

Se da una parte Takada Kenzō ebbe il merito di essere il primo grande stilista giapponese ad avere espresso il suo estro a Parigi, fu la triade composta da Miyake Issey, Kawakubo Rei e Yamamoto Yohji a rompere col passato e a cambiare definitivamente direzione. Grazie a loro, Tōkyō divenne un centro di interesse mondiale per l'alta moda.

La fama di Yamamoto Kansai è dovuta ai costumi ideati per lo Ziggy Stardust Tour di David Bowie tra il 1972 ed il 1973. Nel 1975 fece il debutto a Parigi, dove aprì la sua boutique. Continuò poi a collaborare con Bowie, realizzando numerosi *kimono*.

Miyake Issey è stato probabilmente il primo stilista ad avere espresso un nuovo modo di concepire gli abiti, ossia in maniera destrutturata.

Dopo gli studi in graphic design, lavorò a New York e Parigi. Tornato a Tōkyō nel 1970, fondò il Miyake Design Studio. L'anno successivo presentò la sua prima collezione a New York, a cui seguirono le sfilate di Parigi. Il suo stile profondamente innovativo era caratterizzato da colori cupi e materiali tecnologici (come la sua famosa stoffa plissettata).

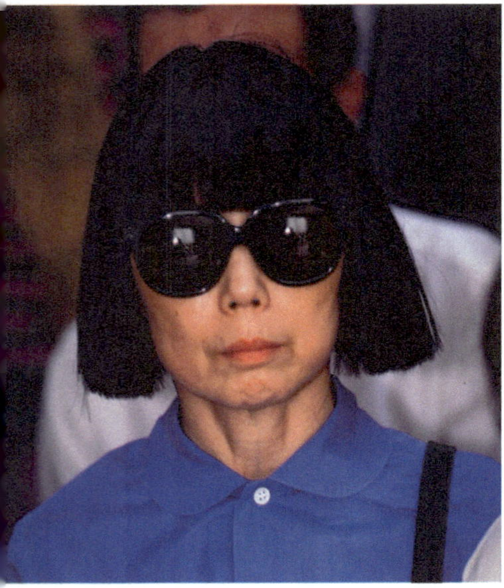

Ma il primo grande sperimentatore in campo tessile è stato Arai Junichi, che, a soli diciotto anni, entrò nell'azienda di famiglia dove venivano creati *kimono*, *obi* e abiti da cocktail americani e ideò stoffe mai realizzate prima con nomi stravaganti come Titanium Poison e Driving Rain, derivanti dalla sua passione per i film e i computer. Il suo incredibile genio fu notato da Miyake e Kawabuko che iniziarono a utilizzare le sue invenzioni.

Kawakubo Rei, dopo una laurea in letteratura presso l'Università privata Keio, iniziò a lavorare come stilista freelance nel 1967. Due anni più tardi fondò la sua casa di moda Comme des Garçons e nel 1973 aprì la sua prima boutique a Tōkyō. Nel 1982 sfilò a Parigi, spiazzando la critica che definì con disprezzo la sua collezione «Hiroshima chic».

Yamamoto Yohji, dopo essersi laureato in legge sempre presso l'Università Keio, studiò design della moda al Bunka Fashion College di Tōkyō e nel 1977 presentò la sua prima collezione *ready to wear*. Nel 1981 sfilò poi a Parigi.

Gli abiti di Yamamoto e Kawabuko, al contrario di tutti quelli realizzati in Occidente, venivano meno alle regole di composizione perseguite fino a quel momento perché non servivano semplicemente a coprire il corpo ma dovevano esprimere un concetto. I vestiti erano diversi nei tessuti (spesso consunti), nei tagli asimmetrici, nell'assenza di decori, nelle forme e nei colori (austeri, principalmente bianco, nero e grigio).

Si iniziò a usare il termine «decostruttivismo» per indicare quegli indumenti dai volumi insoliti: i capi tradizionali venivano disfatti e riassemblati dando un senso di indipendenza. Il decostruttivismo può essere interpretato come una controcultura dell'alta moda, che in Giappone è servito per mettere in discussione valori estetici ed etici, e che ha avuto un impatto enorme anche in Europa.

Da un punto di vista economico queste collezioni furono semplicemente un disastro. In Europa scioccarono la critica che non le comprese, ma servirono comunque a dare enorme visibilità e fama agli stilisti giapponesi. Questo stile, che fu definito minimale (o, dai francesi, «La Mode Destroy»), divenne la filosofia anti-edonistica poi adottata da designer come Martin Margiela in Belgio e successivamente dai «Sei di Anversa» (Dries van Noten, Ann Demeulemeester, Dirk Van Saene, Walter Van Beirendonck, Dirk Bikkembergs e Marina Yee).

Tutta la filosofia concettuale di Margiela rimanda al Giappone, e in particolar modo a quello di Kawakubo. A cominciare dalla collezione del 1988 in cui presentò le iconiche Tabi shoes, che reinventarono i *tabi*, le calze di cotone con l'alluce separato in modo da potere indossare le calzature infradito tradizionali, e che si diffusero a partire dal XV secolo, epoca in cui il cotone fu importato dalla Cina.

Kawakubo Rei divenne la portavoce di una nuova generazione di designer emergenti che abbracciavano quell'approccio non convenzionale, sponsorizzando Watanabe Junya e Undercover. Il suo merito fu anche quello di approcciarsi alla fotografia di moda in prima persona: dal 1988 al 1991 realizzò la rivista *SIX*, in cui furono pubblicate fotografie in bianco e nero che rappresentavano l'estetica del marchio senza l'utilizzo di parole. Gli scatti vennero realizzati da fotografi illustri quali Peter Lindbergh, Bruce Weber e Shinoyama Kishin.

Vi sembrerà strano o curioso, ma l'olfatto è stato uno dei sensi che più mi ha unita all'universo nipponico.

Nel 1999 uscì Comme des Garçons 2, il profumo destinato a imprimersi nella mia memoria sentimentale come un tatuaggio. Ero poco più che una ragazzina quando mi capitò tra le mani la curiosa confezione: un sacchetto sigillato contenente un freddo flacone metallico a specchio. Non avevo mai visto nulla del genere, e nemmeno sentito: era un profumo assurdo. Sviluppai una vera ossessione per questa strana fragranza e successivamente scoprii che per la sua realizzazione Max Buxton si era ispirato all'inchiostro Sumi, impiegato nell'arte della calligrafia giapponese. Spiegare questo profumo, come immaginerete, non è affatto semplice: è un mix di aldeidi, mandarino, inchiostro, ambra e labdano; un odore enigmatico e potente che da sempre rappresenta una mia fissazione.

Questo è il profumo che indosso ancora oggi e che descrive il legame olfattivo maggiore con la terra in cui avrei voluto nascere: lo riconoscerei ovunque e ne sono attratta così come un neonato riconosce l'odore della madre.

GENERAZIONE X: TREND SETTER

Negli anni Settanta i protagonisti della società erano stati la famiglia e il *sararīman*, negli anni Ottanta il loro posto fu preso dai giovani. Così come in Occidente, i ragazzi, e le ragazze, diventarono il punto di riferimento privilegiato nel mondo dei consumi: studi sociologici hanno definito questa fase *wakamomo no jidai* (età dei giovani) o *josei no jidai* (era della donna).

Se fino al decennio precedente la propensione all'acquisto era rivolta a beni di lunga durata per il miglioramento della vita quotidiana, come il frigorifero o la lavatrice, negli anni Ottanta si impose un modello consumistico totalizzante. I ragazzi che fino a qualche anno prima avevano avuto come unico scopo quello di studiare per entrare nelle università prestigiose del paese (diventando tristemente noti sui media per l'altissimo tasso di suicidi, il più alto del mondo, a causa del forte stress), negli anni Ottanta, invece, volevano divertirsi, soprattutto coloro che avevano appena terminato gli studi. Il mercato si concentrò proprio su quella fascia di popolazione che viveva nella fase limbica propedeutica all'ingresso nel mondo del lavoro, quando i ragazzi diventano *shakaijin* (persona adulta, ovvero produttiva per la società).

Per la prima volta nella storia i giovani giapponesi riuscirono a esprimere la loro personalità attraverso la moda. Nel tempo libero la divisa veniva riposta nell'armadio e per le strade era possibile distinguere gruppi di giovani in base agli stili, che a loro volta erano rivelatori dei gusti musicali e dello status sociale.

Tra i primi trend riscontrabili vi furono ovviamente quelli ispirati alle sfilate parigine di Yamamoto Yohji e Kawakubo Rei. A Tōkyō, nel quartiere Omotesandō si sviluppò una corrente denominata *karasu zoku*, «gruppo di corvi». Ne facevano parte soprattutto donne che giravano per le strade vestite con abiti oversize e total black (seppure in diverse gradazioni) che creavano una silhouette androgina. A completare il look, make-up di ispirazione new wave (smokey eyes) e capelli lisci possibilmente con la frangia corta. L'idea era quella di ricreare in ogni dettaglio gli outfit proposti da Yamamoto e Kawakubo, inclusi, quanti potevano permetterselo, pezzi originali di Comme des Garçons. Questa tendenza, proprio perché interpretata soprattutto da donne, è stata intesa come una rivolta contro la concezione stereotipata della casalinga giapponese devota al marito. Il *karasu zoku* è stato paragonato al movimento punk inglese, ma in realtà aveva molto più a che fare con la new wave e il new romantic, che si distinguevano per sonorità più vicine al pop e per un look raffinato, rappresentato in Occidente da band come New Order, XTC, The Stranglers, Visage e The Cure.

Restando in tema musicale, durante gli anni Ottanta si posero le basi per lo sviluppo di quello che nel decennio successivo è stato indicato come *visual kei*, ovvero l'appartenenza alla scena rock giapponese (*J-Rock*). Il *kote kei* ne è stato lo stile antesignano, con i suoi rimandi al punk, al glam rock e al dark. I ragazzi indossavano abiti in pelle, borchie, fibbie e portavano i capelli cotonati, richiamando l'hair di Bon Jovi, Europe e Aerosmith, e Robert Smith.

Una grossa fetta di giovani benestanti adottò un abbigliamento elegante e casual di matrice statunitense, detto *preppy*, all'interno della macro-area *ametora*: l'«American Traditional» con cui, in generale, si rimanda al modo di vestire giapponese che emula quello occidentale, soprattutto americano o inglese.

Il *preppy* era nato negli Stati Uniti, dove indicava la sub-cultura associata ai giovani ricchi che si preparavano per entrare nelle università della Ivy League: da qui il termine «prep» ovvero «private university» o «preparatory school». Non si trattava solamente di moda, ma di uno stile di vita privilegiato fatto di modi di esprimersi e atteggiarsi. Le origini risalivano all'abbigliamento degli universitari ai primi del secolo e ai brand J. Press e Brooks Brothers, venduti in negozi all'interno dei campus a Yale, Princeton e Harvard. Negli anni Settanta lo stile Ivy League divenne comune anche tra i giovani inglesi che conducevano una vita agiata e sportiva, fatta di canottaggio, partite di golf e lacrosse, e si arricchì di motivi a righe e di tipo equestre, di plaid e di accessori a tema nautico. I brand di riferimento degli anni Ottanta erano Ralph Lauren e Lacoste.

In Giappone il *preppy* arrivò attraverso l'interpretazione di Ishizu Kensuke, che fondò il brand *VAN*, di cui ebbe enorme fortuna la serie di giacche e felpe e ideò lo stile Ivy League giapponese. Al contempo iniziavano a circolare numerose pubblicazioni di moda *preppy* fra cui il libro fotografico, destinato a diventare un oggetto di culto, *Take Ivy* sulla moda degli studenti della Ivy League degli anni Sessanta, la guida umoristica *The Official Preppy Handbook* e le riviste *CanCam* (da I Can Campus, rivolta alle ragazze che aspiravano a diventare leader) e *Popeye* (nata nel 1976, una delle prime a occuparsi di moda maschile).

I ragazzi giapponesi cominciarono a indossare camicie, cardigan, giacche eleganti, bomber, magliette polo e scarpe di pelle. Lo stile non rimase all'interno delle mura di Tōkyō, ma si diffuse anche tra i giovani benestanti di Kōbe e Nagoya, dove prese il nome di *new tora* (dall'inglese *new traditional*) grazie alla rivista *An-An*. A Yokohama, invece, si chiamava *hama tora*, e la rivista di riferimento fu *JJ*. In queste città il *preppy* fu adottato in modo più maturo soprattutto dalle ragazze, che sfoggiavano look casual e comodi (cardigan, gonne al ginocchio e blazer) impreziositi da accessori di Louis Vuitton, YSL, Fendi, Celine, foulard Pucci e che spesso giocavano anche a tennis e golf.

Ma il *preppy* non esauriva affatto la moda e gli stili anni Ottanta mutuati dall'Occidente: c'erano anche l'*itakaji*, il *sāfā* e il *fifutīzu*.

L'*itakaji* (Italian casual) era l'abbigliamento ispirato all'Italia, interpretato in stile casual con camicie, jeans whitewashed e accessori di alta moda e un modo di atteggiarsi, soprattutto degli uomini, ad affascinanti sex symbol. La principale rivista di riferimento era *Men's Club*.

Il *sāfā* (surfer) rimandava invece al look delle spiagge della California: capelli dal taglio medio-lungo, pelle sempre abbronzata e abbigliamento dai colori sgargianti (blu, giallo, rosso o bianco). I ragazzi e le ragazze che seguivano questa moda giravano per la città ascoltando i Beach Boys sulle Jeep Toyota o passeggiavano con il *walkman*.

Le parole d'ordine dei *fifutīzu* (fifties) erano rockabilly e teddy boy. I ragazzi vestivano giacche e pantaloni di pelle, stivali o scarpe a punta, occhiali da sole (il tutto veniva acquistato da Cream Soda), sfoggiavano enormi pettinature a banana piene di gel e si incontravano per ballare come Elvis ad Harajuku o nel parco di Yoyogi.

Sottocategoria dei *fifutīzu*, erano i *bōsōzoku* (motorcycle gang ma anche violent run tribe), che avevano come riferimenti culturali film americani come *Gioventù bruciata* del 1955. Questa sottocultura risaliva a un fenomeno sociale del secondo dopoguerra, allo sbando di una parte dei reduci che viveva ai margini, vagabondando, spesso abbracciando uno stile di vita violento e malavitoso. Negli anni Settanta i *bōsōzoku* iniziarono a indossare una divisa distintiva, il *tōkko-fuku*, una giacca lunga con patch e ricami che richiamavano i motivi militari (bandiera imperialista, slogan *kamikaze*, *manji* e caratteri cinesi). Come è facile intuire, tanti di questi ragazzi venivano etichettati di estrema destra, ma in realtà molti erano poser, ossia abbracciavano il lato estetico e comportamentale di questa sottocultura solo per poter fare parte del gruppo. Il picco di questo trend fu il 1982: i *bōsōzoku* giravano in gruppi a bordo di moto di grossa cilindrata con il motore truccato, grandi occhiali da sole e tatuaggi, baggy pants, stivali militari in cuoio, capelli in stile rockabilly decolorati e mascherine chirurgiche per non farsi riconoscere. Le ragazze che seguivano questa tendenza erano poche e quasi sempre erano le fidanzate dei motociclisti della banda. In realtà, però, esisteva fin dagli anni Settanta una controparte tutta femminile chiamata *sukeban* (ragazze delinquenti), in riferimento alla capo banda, e costituita perlopiù da ragazze emarginate e studentesse fallite che andavano in giro vestite con la divisa scolastica modificata, armate di taglierini, catene e mazze da baseball, e si davano ai furti e alla prostituzione. Erano diventate così note da ispirare un sottogenere cinematografico denominato *Pinky Violence*.

Tutti questi stili erano adattamenti di tendenze in voga in Occidente o, più semplicemente, dei cliché di ciò che stava accadendo a Los Angeles, New York, Londra e Parigi, come i

Tōkyō burando shōnen (ragazzi firmati di Tōkyō), una versione molto simile a quella dei paninari di Milano. Ma dalla seconda metà degli anni Ottanta, in coincidenza con il picco massimo di benessere economico, alcuni settori del mondo femminile adottarono uno stile autoctono, maturo e consapevole. In buona parte, ciò fu dovuto alla Legge sulle pari opportunità del 1985 che consentì a molte ragazze di trovare un impiego, seppure part-time, in aziende di media grandezza e con uno stipendio inferiore a quello degli uomini. La donna non era più in via esclusiva una casalinga.

Il trend squisitamente giapponese, che ha posto le basi per lo *shibukaji* degli anni Novanta, fu il *bodikon* (body conscious): abiti mono-colore che sottolineano le forme del corpo, tessuti in neoprene, giacche coordinate, décolleté in pelle con tacco medio, vistosa bigiotteria di plastica. Le ragazze *bodikon*, rinominate anche *Roppongi garu* (ragazze Roppongi) e *Hanako garu* (*Hanako* era la loro rivista di riferimento), hanno rappresentato una micro-rivoluzione di genere, finendo addirittura sulla rivista inglese *The Face*. Rappresentavano il mito della donna emancipata: di giorno erano *office ladies* (segretarie di ufficio), di notte si scatenavano nei club più in voga della città. La maggior parte viveva in periferia con la propria famiglia, e questo consentiva loro di mettere tutto lo stipendio da parte per investirlo in vestiti e divertimento. A Tōkyō frequentavano locali come MZ-MZ, Baroque, ma soprattutto il Juliana (successivamente chiuso per spaccio di stupefacenti), dove si radunavano per ballare al suono della Italo house e della hardcore techno, indossando abiti in spandex e micro bikini e assoggettando gli uomini in giacca e cravatta che le guardavano da sotto il cubo. Le si poteva vedere aspettare il primo treno all'alba facendo colazione nei bar della metropolitana e per questo la stampa le aveva battezzate *ariburei zuku* (tribù dell'earl breakfast).

Tutte queste tendenze avevano un rigido codice di abbigliamento e di comportamento: ogni gruppo si differenziava per atteggiamenti, modi dire e di esprimersi, che erano in continuo mutamento. Per i giovani degli anni Ottanta la moda era un elemento culturale e una risposta a un bisogno identitario fortissimo, che li spingeva a girare continuamente nei quartieri alla moda, primo fra tutti Harajuku, a guardare le vetrine e ad acquistare *manga* e riviste di settore per essere sempre *naui* (now) e mai *dasai* (out). A ogni novità si scatenava un *būmu* (boom), una reazione che si espandeva a macchia d'olio per avere l'ultimo oggetto del desiderio, bere il drink o consumare il dolce del momento. Il *machikomi,* ovvero la «comunicazione di strada», era fondamentale, molto più che in Occidente.

L'IMPERO DEL *KAWAII*

In questo contesto si distinse la casa editrice Magazine House: nel 1982 lanciò la rivista *Olive* in cui definì l'*otome*, «maiden», letteralmente «fanciulla», grazie alle proposte della stilista giapponese Chisato Tsumori che, dopo aver frequentato il Bunka Fashion College, nel 1977 aveva lavorato per Miyake Issey per poi lanciare successivamente il suo brand nel 1990. Famoso per le stampe colorate ispirate al mondo dei *manga* e all'arte contemporanea, il suo stile venne adottato principalmente dal brand Pink House ed ebbe un grandissimo successo tra le liceali. Rimandava a una moda francese fatta di pizzi, fiocchi e merletti, colori tenui come le nuances pastello, richiami vintage, gonne lunghe e scarpe Oxford o Mary Jane.

Le peculiarità dell'*otome* sono alla base del *lolita* degli anni Novanta e, prima, del *kawaii*.

Capire il *kawaii* significa comprendere un aspetto fondamentale della cultura nipponica. Il termine in giapponese significa «carino», «adorabile» ed era stato usato per la prima volta nel 1914 da Kishi Tamaki (ex moglie dell'illustratore Takehisa Yumeji) su un volantino che pubblicizzava la boutique Minato-ya a Tōkyō. Il negozio richiamava in generale l'atmosfera parigina dei café della belle-époque. Negli anni Sessanta con il termine *kawaii* si definivano i *manga* romantici, *shōjo manga*, dedicati a un pubblico femminile, dove *shōjo* indica la «fanciulla», una persona non più bambina ma non ancora donna. Nel 1975 nacque quella che in poco tempo diventò la mascotte del *kawaii*, conosciuta e venduta ancora oggi in tutto il mondo: Hello Kitty. Negli anni Ottanta, infine, *kawaii* diventò la sub-cultura che tuttora resiste, caratterizzata dal *burikko* (falso innocente), cioè gli atteggiamenti infantili tipici del monello. Le ragazze *kawaii* imitano le sembianze delle

bambine sfoggiando un trucco quasi inesistente, si comportano in maniera deliberatamente melliflua, si vestono come le bambole. I ragazzi sono glabri, androgini, innocenti, le caratteristiche del macho sono del tutto eliminate. Per entrambi i sessi è importante somigliare ai personaggi degli *shōjo manga*: occhioni grandi, facili al pianto e al broncio, all'apparenza senza un sesso definito.

Il tema dell'innocenza relativa all'età infantile è un tema molto sensibile nella società giapponese: molto più che in Occidente, dove l'ingresso nel sistema scolastico spesso comporta ancora che il bambino impari a comportarsi subito da adulto, abbattendo dal giorno alla notte la sua natura infantile, la società giapponese riconosce che gli adulti mantengano una parte dalle caratteristiche apertamente infantili. Tutto in Giappone è influenzato da questa postura mentale, poiché tutto è *kawaii*: ovunque è possibile vedere colori, disegni, mascotte (persino la polizia ne ha una), jingle e ninnoli. Dal momento che l'età adulta è caratterizzata dal duro lavoro e dai sacrifici è importante mantenere una parte di sé innocente e ludica.

Il *kawaii* è parte integrante della vita dei giapponesi e, a partire dagli anni Ottanta, è diventato un vero e proprio mercato il cui epicentro (ieri come oggi) è il mondo degli *aidoru* (dall'inglese idol). Gli *aidoru* sono le stelle dello spettacolo mediatico, adolescenti incredibilmente popolari che appaiono in spot pubblicitari, negli sceneggiati e sulle riviste per rispondere alle lettere degli ammiratori, sempre con un tono tenero e dolce. Gli *aidoru*, sia di sesso maschile che femminile, sono cantanti, ballerini, attori e hanno un pubblico prevalentemente maschile. La loro figura è costruita a tavolino: il look, la personalità, le movenze sono scelti dalla macchina del marketing. Solitamente hanno dai quindici ai diciannove anni di età, poi diventano troppo grandi per restituire l'immagine di innocenza richiesta e quindi si ritirano oppure, soprattutto nei gruppi musicali, vengono sostituiti da talenti più giovani.[1] L'amore per gli *aidoru* è spesso sfociato nel fanatismo, come è accaduto nel 1986, quando il suicidio della cantante e *aidoru* Okada Yukiko ha provocato nel giro di due sole settimane una trentina di suicidi, tanto che la stampa parlò di «sindrome di Yukiko».

Il fenomeno degli *aidoru* era esploso negli anni Settanta dopo il film *Cherchez l'Idole* (1963, in Italia venne distribuito con il titolo *Sciarada alla francese*), arrivato in Giappone con il titolo *Aidoru o sagase*. Ben presto l'industria musicale, l'editoria e la televisione resero le *aidoru* il soggetto di *anime* e *manga* come 魔法の天使クリィミーマミ (*L'Incantevole Creamy*, 1983), 魔法のスターマジカルエミ (*Magica Emi*, 1985), 魔法のステージファンシーララ (*Fancy Lala*, 1998), *Kodomo no omocha* (*Rossana – Il giocattolo dei bambini*, 1994), ma anche di film di denuncia: *Suicide Club* (2002) e *Perfect Blue* (1997). La colonna sonora degli *aidoru* è il *J-Pop* (pop giapponese, sebbene questa etichetta sia stata utilizzata a partire dagli anni Novanta), ovvero lo stile basato sul *kayōkyoku*, etichettato dal *Japan Times* come «pop dell'era Shōwa». Gli anni Ottanta hanno fatto sognare con sonorità positive e voci limpide di ragazze belle e giovani, le stesse che hanno caratterizzano il city pop, un genere musicale giapponese che aveva come tema la grande città (Tōkyō è stata la principale fonte di ispirazione) e che si è sviluppato di pari passo con la diffusione dell'autoradio. La maggiore esponente di city pop, ancora oggi molto apprezzata, è stata Takeuchi Mariya: il suo singolo *Plastic love* ha delineato un'epoca.

---

1 Le *aidoru* delle Morning Musume sono state sostituite da membri più giovani dagli anni Novanta, così che il gruppo non è mai stato sciolto.

L'ESPANSIONISMO LUDICO DEL GIAPPONE: I VIDEOGIOCHI

Nessun posto sulla Terra faceva pensare al futuro come il Giappone degli anni Ottanta: gli enormi successi in campo industriale e tecnologico dimostravano che per individuare le prossime tendenze bisognava per forza guardare il Sol Levante. E tra la moltitudine di oggetti futuristici nipponici che fecero record di incassi giganteggiano i videogiochi: un mercato diventato globale nato proprio in quegli anni.

Le prime console conosciute su larga scala (rappresentate da *Pong* del 1972, firmato Atari) erano statunitensi, ma già nel 1974 la giapponese Namco acquistò la divisione nipponica di Atari entrando così nel mercato internazionale dei videogiochi grazie al successo di *Pac-Man* (1980). La vera rivoluzione del settore, però, si ebbe nel 1983, quando Nintendo (già conosciuta per *Donkey Kong*) realizzò la prima console diventata fenomeno globale: il NES (Nintendo Entertainment System) con giochi di enorme successo come *Zelda*, *Super Mario* e *Castelvania*.

Nel 1985 Sega entrò in competizione sul mercato con il Sega Master System che ottenne un buon successo di vendite, ma non sufficiente per scalfire quello di Nintendo. Ritentò poi nel 1988 con il Sega Mega Drive, ma l'anno successivo Nintendo spiazzò qualsiasi concorrente lanciando il Game Boy, la console più longeva della storia.

Il successo delle case videoludiche andò di pari passo con lo sviluppo del JRPG, il videogioco di ruolo giapponese. I giochi di ruolo fantasy spopolavano negli anni Ottanta soprattutto negli Stati Uniti, grazie al grande successo di *Dungeon & Dragons* (lo dimostra molto bene la serie di Netflix *Stranger Things*), ma fu in Giappone che questo genere raggiunse un livello superiore grazie al NES di Nintendo. Nel 1985 uscì infatti *Dragon Quest*, celeberrimo gioco di ruolo realizzato in collaborazione con Toriyama Akira (l'autore di *Dragon Ball*). *Dragon Quest* influì su tutti i titoli del genere che uscirono successivamente, a cominciare dal primo *Final Fantasy* (1987) pubblicato da Square Soft, una casa videoludica in fallimento: *Final Fantasy* non solo la salvò, ma fu il primo titolo della saga più venduta, amata e famosa del mondo.

Sebbene in Giappone vengano prodotti tantissimi JRPG, solo una piccola parte viene esportata in Occidente. Il successo di questo particolare genere risiede nella scelta della narrazione tipica dei *manga*, nella caratterizzazione dei personaggi come quelli degli *anime*, nel sistema di combattimento a turni, nei molteplici bonus nascosti e, soprattutto, in una trama costruita come un film e una caratterizzazione psicologica dei protagonisti pari a quella di un romanzo.

LETTERATURA COME NUOVO CORSO DI ROTTURA

La gioventù e l'ottimismo degli anni Ottanta sono stati celebrati anche da nuove voci letterarie: Murakami Haruki e Yoshimoto Banana.

Con loro si consumò la definitiva rottura con quel tipo di narrativa e di arte portatrice di valori e codici etici tradizionali, tipica del grande e controverso Mishima Yukio, noto e tradotto in tutto il mondo. Unendo l'uso della penna con quello della spada, nelle sue opere poetiche, letterarie e teatrali e nella sua stessa vita, Mishima si opponeva ferocemente a quel materialismo occidentale e a quel consumismo che, a suo modo di vedere, minacciavano l'essenza stessa del Giappone, lo shintoismo e lo *Yamato-daishii*, lo spirito giapponese indigeno. Fondatore di una milizia revanscista nei confronti della «Costituzione della sconfitta», come definiva la costituzione del 1947, e della smilitarizzazione del Giappone, nel 1970, dopo avere occupato una base militare di Tōkyō, Mishima si era tolto la vita con il *seppuku* (il suicidio rituale dei *samurai*).

Prendendo le distanze dal nazionalismo patriottico, nel 1979 Murakami Haruki esordì con il romanzo 風の歌を聴け (*Ascolta la canzone del vento*), dimostrando che i giovani giapponesi riuscivano a parlare meglio con i loro coetanei occidentali che non con i propri genitori. In questa prima opera c'era già tutto quello che la generazione dei Boomer, nei quali rientrava a pieno titolo, temeva maggiormente: la modernità, i simboli e i codici occidentali, come la musica americana, i cocktail e i jeans. Viceversa, il romanzo che otto anni dopo consacrò Murakami a livello mondiale, fu ノルウェイの森 (*Norvegian Wood*), dove l'autore si sofferma su un lato emotivo inedito, sui sentimenti di malinconia e di nostalgia della generazione successiva, la Generazione X.

L'anno successivo all'uscita di *Norvegian Wood* fu segnato da un altro romanzo simbolo della letteratura giapponese moderna: *Kitchen* di Yoshimoto Banana. Nata Yoshimoto Mahoko, figlia di uno dei più importanti critici letterari del dopoguerra, il suo nome d'arte richiama un contenuto a lei caro: l'effimero. Largamente ispirata dai romanzi horror di Stephen King e dagli *shōjo manga* (le cui protagoniste sono al centro dei suoi romanzi), la Yoshimoto ha sempre dichiarato di considerare le sue produzioni dei beni di consumo. Il suo stile è in effetti essenziale, veloce e informale, i temi riguardano la famiglia post-nucleare (spesso allargata e in crisi), l'amore, l'amicizia e il suicidio. La critica della vecchia scuola letteraria osteggiò ferocemente lo stile commerciale della Yoshimoto, la cui fortuna fu fin dagli esordi nell'acclamazione dei lettori oltreoceano. Yoshimoto Banana si fece interprete di una generazione cresciuta nel benessere del dopoguerra, dimostrando che la cultura americana era molto più presente nella quotidianità dei giapponesi di quello che erroneamente si pensava.

IL CIBO DEL POPOLO

Come è facile intuire, anche la cucina registrò degli importanti cambiamenti durante questi anni. Mentre nel decennio precedente si erano affermate le catene statunitensi e quelle nipponiche prettamente dedicate alle famiglie, negli anni Ottanta sorsero franchising dedicati ai single, se così si può dire, cioè pensati per clienti che volevano mangiare giapponese ma non avevano voglia di cucinare a casa solo per se stessi. Nel 1982 aprì Sukiya a Yokohama, la più grande catena di *gyūdon* (ciotola di riso con carne di manzo cotta con una salsa dolce a base di soia e cipolle) del paese; nel 1984 aprì a Ōsaka il celebre Sushiro sull'onda del successo di Mawaru Genroku Sushi del 1958, primo *kaiten sushi* del Giappone, ossia *sushi* su nastro trasportatore; nel 1989 fu inaugurato Tenya a Tōkyō Station, la maggiore catena di *tendon* (riso con *tempura*).

Durante gli anni Ottanta si cercò di perfezionare e diffondere il «cibo del popolo». Il caso più eclatante fu quello del *rāmen* (dal cinese *la mian*, «tagliatelle tirate a mano»), uno dei piatti giapponesi più apprezzati in tutto il mondo insieme al *sushi*.

Si tratta di una scodella di tagliolini di frumento alcalini (realizzati con il *kansui*, carbonato di sodio, che conferisce elasticità e colore) generalmente immersi in un brodo bollente con salsa *tare* (ingrediente segreto dello chef che definisce l'aroma) e guarnito con, per esempio, *ajitama* (uovo barzotto marinato), *menma* (bambù fermentato), *negi* (via di mezzo tra il porro e il cipollotto) e *chashu* (pancetta di maiale arrosto).

L'origine del *rāmen* è affascinante. Si narra che il primo giapponese che lo gustò nel 1655 fu Mito Mitsukuni, mitico gourmand nipponico e nipote dello *shōgun* Tokugawa Ieyasu, che lo ricevette dal filosofo cinese Shu Shunsui.

Fu solo all'inizio dell'Epoca Meiji però che l'influenza gastronomica cinese raggiunse il Giappone. Le prime Chinatown, tutt'oggi esistenti, furono edificate presso le città portuali più importanti, come Yokohama, Kōbe, Nagasaki e Hakodate. A quel tempo era una semplice zuppa (a base di tagliolini al coltello, qualche guarnizione, brodo al sale e ossa di maiale) venduta negli *yatai* insieme ai *gyoza*.

Intorno a questo piatto si sviluppò in breve tempo una vera e propria cultura a livello locale, con numerose varianti. Rairaiken (Asakusa) si distinse per l'invenzione dello *shōyu rāmen*, aggiungendo della salsa di soia (*shōyu*) al brodo. Nel 1947 il ristorante Kurume (Fukuoka) inventò il *tonkotsu rāmen* (a base di ossa di maiale bollite numerose ore) e nel 1954 Ajinosanpei (Sapporo) ideò il *miso rāmen* (a base di pasta di soia fermentata). Queste tre ricette regionali costituiscono le principali varietà di *rāmen*, insieme allo *shio* (sale) e allo

tsukemen (noodles serviti separati dal brodo, ideato da Yamagishi Kazuo nel 1954 e servito da Taishoken dal 1961).

Ma la grande rivoluzione a livello mondiale dei tagliolini fu realizzata nel 1958 da Andō Momofuku, fondatore dieci anni prima della Nissin Foods che inventò e commercializzò il *rāmen* istantaneo, oggi considerato dai giapponesi la loro più grande invenzione del XX secolo.

Fino alla fine degli anni Settanta il *rāmen* era consumato in piccoli locali trasandati, i *ramenya*, da operai e *sararīman*, essenzialmente perché si trattava di una pietanza economica e nutriente. Non è un caso, dunque, che i protagonisti dei *manga* (genere artistico considerato per decenni di serie b) mangino *rāmen*: come dimenticare il commissario Zenigata di *Lupin III* o il gatto Doraemon? E soprattutto come dimenticare il mitico Tora-San, il venditore ambulante protagonista di uno dei *dorama* (serie televisive) più amati di sempre dai giapponesi *Otokowa tsurai yo* (1969-1996), che andava in giro per il paese nutrendosi di *rāmen*... Pensate che alcuni *ramenya* presero addirittura il nome di Tora-Ramen.

Segno della influenza cinese sulla gastronomia giapponese, negli anni Ottanta il *rāmen* venne, per così dire, sottomesso dai cuochi giapponesi ad alcuni principi nipponici fondamentali: *shokunin*, ovvero il «diventare maestri», *kodawari*, cioè «l'orgoglio e la gioia per quello che si fa» e *kaizen*, vale a dire «migliorare costantemente il proprio mestiere».

Ed evidentemente fu un successo, tant'è che nel 1988 Yoshimoto Banana descrisse il *rāmen* come un'esperienza spirituale nel romanzo *Kitchen*.

トッピング

Se qualcuno dovesse chiedermi qual è il mio film preferito sulla cucina, senza pensarci due volte risponderei *Tampopo*. Si tratta di una spassosa pellicola del 1985 di Itami Jūzō in stile «noodle western», ambientata in un *ramenya* dove la gastronomia è metafora del confronto tra Giappone e Occidente: i noodle gustati con le bacchette nelle bettole si scontrano con gli spaghetti mangiati con forchetta e cucchiaio nei ristoranti francesi.

Tampopo non è solamente una dichiarazione d'amore a quello che secondo me è il piatto giapponese più buono di sempre (il *rāmen*), ma è anche una esilarante satira del *gurume būmu* (boom dei gourmet) dell'epoca. Con il miracolo economico moltissimi giapponesi appartenenti alla classe media iniziarono a dare sfoggio del loro nuovo benessere attraverso l'haute cuisine, salvo però non essere capaci di seguire correttamente l'etichetta dei locali di lusso. Il *rāmen* resta quindi una certezza in un mondo fatto di pietanze raffinate e ristoranti «pettinati», il cibo del popolo per antonomasia che rompe le barriere della scala sociale ponendo tutti sullo stesso piano.

Ancora oggi, ogni volta che mi trovo in Giappone, il *rāmen* è il mio piatto preferito di cui sono certa non mi stancherò mai. Molti sostengono che la pietanza nipponica impossibile da riprodurre fedelmente all'estero sia il *sushi*, ma io sono del parere che molti *sushi* chef giapponesi sappiano preparare un *sushi* all'altezza di quello che si mangia in Estremo Oriente un po' ovunque. Il vero e autentico *rāmen*, invece, l'ho gustato esclusivamente in Giappone.

RINASCITA DEL NAZIONALISMO

La supremazia economica giapponese aveva risvegliato uno spirito nazionalistico mai sopito del tutto, e che tornò ampiamente in auge nel pensiero politico del Partito nazional-democratico, della destra conservatrice e di molti intellettuali. Uno dei primi segnali in questa direzione fu un semplice cambio di termini nei testi scolastici, su indicazione del Ministro dell'istruzione: *shinshutsu* (avanzata) al posto di *shinnyū* (invasione) per indicare l'aggressione giapponese della Cina negli anni Trenta. Questo fatto provocò enorme indignazione, essenzialmente perché comportò anche la negazione delle atrocità compiute con il massacro di Nanchino.

Nella riscrittura del recente passato, i giapponesi assumevano il ruolo di mere vittime della guerra e della bomba atomica, una posizione rafforzata con gite scolastiche a Hiroshima e con uno studio assai poco approfondito del secondo conflitto mondiale, che individuava negli Stati Uniti il vero, eterno, nemico del Giappone.

Le posizioni antiamericane erano largamente condivise dall'opinione pubblica e sostenute da scrittori come Ishiara Shintarō, diventato governatore di Tōkyō alla fine degli anni Novanta: celebre il suo «No» to ieru Nihon (Il Giappone che sa dire di «no») in cui sosteneva la supremazia nipponica. Milioni di lettori si appassionarono al *Nihonjinron* (teorie sui giapponesi): accademici, scrittori e commentatori ritraevano la cultura e la società nipponica come armoniosa, omogenea e legata nella storia millenaria dalla purezza razziale, da una lingua forte, comune e circoscritta all'arcipelago giapponese. La «teoria sul Giappone» delineava con precisione chi era giapponese (sottolineandone la superiorità), escludendo con particolare attenzione le minoranze etniche che abitavano nel paese a cominciare dai coreani e dagli Ainu, gli storici abitanti delle regioni del Nord.[2]

In modo direttamente proporzionale al successo economico, alla ripresa di un nazionalismo identitario e al surplus della bilancia commerciale del Giappone, crescevano le preoccupazioni degli Stati Uniti per il paese sconfitto, occupato, aiutato e infine amico e alleato sullo scacchiere internazionale. La penetrazione dei prodotti giapponesi nel mercato occidentale e in primo luogo americano in anni di perdurante apprezzamento del dollaro nei confronti dello yen portò l'amministrazione Reagan a concludere nel 1985 un accordo sui tassi di cambio durante il vertice dei G5 al

2 Di fatto, solo nel 2009 il governo giapponese, accogliendo la Dichiarazione delle Nazioni Unite sui Diritti dei popoli indigeni, avviò una politica di effettivo riconoscimento degli Ainu, che dagli anni Ottanta si battevano per abolire la cosiddetta legge sulla protezione degli aborigeni del 1899 che negava la loro cultura specifica e favoriva la totale assimilazione all'etnia giapponese.

Plaza Hotel di New York con lo scopo di proteggere l'industria americana dalla concorrenza nipponica, consentendo la svalutazione del dollaro.

Se l'effetto immediato fu quello di incentivare fortemente la domanda interna in Giappone, agevolata dalla concessione da parte delle banche di prestiti a bassi tassi di interesse, sul medio periodo le imprese indirizzarono la grande disponibilità di liquidi in attività speculative, immobiliari e azionarie. E quando nel 1989 la Banca del Giappone, per frenare tardivamente il fenomeno speculativo, alzò bruscamente i tassi di interesse, scoppiò la bolla. Tantissime persone persero tutto, così come molti sparirono, altri si suicidarono. Nel 1991 il tasso di bancarotta arrivò al 66%, gli stipendi diminuirono rovinosamente e nel 1992 l'indice Nikkei crollò del 50%.

FINE DI UNA ILLUSIONE

Durante tutti questi anni, *manga* e *anime* registrarono ancora una volta la propria epoca, tracciandone mutamenti e sfumature.

Rispetto ai grandi successi dell'inizio del decennio (*Sampei*, *Dr. Slump & Arale*, *Urusei yatsura* - Lamù, *Dasshu Kappei* - Gigi la trottola, *Hello! Spank*, *Poron* - C'era una volta... Pollon, *Tokimeki Tunaito* - Ransie la strega, *Ai shite Naito* - Kiss me Licia, *Mahō no tenshi Creamy Mami* - L'incantevole Creamy, *Nanako SOS* - Nanà Supergirl, *Tongari bōshi no Memoru* - Memole dolce Memole) dove veniva messa in scena la semplicità, gli autori di metà anni Ottanta realizzarono capolavori carichi di humor, dinamismo, senso di giustizia e spesso tenerezza (らんま½ - Ranma ½, きまぐれオレンジ☆ロード - È quasi magia Johnny, *Kyattsu Ai* - Occhi di gatto, *Shitī Hantā* - City Hunter, キャプテン翼 - Holly e Benji, ドラゴンボール - DragonBall, *Saint Seiya* - I cavalieri dello zodiaco). Verso la fine degli anni Ottanta molti diventarono intellettualmente coinvolgenti (ジ

ヨジョの奇妙な冒険 - *Le bizzarre avventure di JoJo*), mentre altri trasmisero la mancanza di affetti nel mondo reale: uno tra tutti *Video Girl Ai* (1982-1992) di Katsura Masakazu, in cui il sedicenne e sfortunato Moteuchi Yota si trova a gestire i sentimenti di Ai, una ragazza virtuale che ha preso vita da una videocassetta.

Ma l'epitome del proprio tempo fu *Akira* (1988) di Ōtomo Katshuiro, il capolavoro privo di morale: un *anime* fantascientifico ambientato in una Neo Tōkyō apocalittica dove della vecchia città non restano che macerie. Akira è un telemutante, allegoria della nuova umanità rappresentata dai giovani. Riusciranno i giovani a plasmare un nuovo mondo in un paese ancora nelle mani degli anziani, rappresentati questi ultimi come perfidi e brutali? Questo è il dilemma che si pone *Akira.*

La *baburu keiri* (bolla economica) distrusse una normalità fatta di sogni, ottimismo e benessere. I sentimenti di felicità, gioia e tenerezza furono cancellati da un colpo di spugna, lasciando spazio alla decadenza di un paese che aveva dimostrato di potere comprare tutto.

Secondo lo scrittore Murakami Ryū questo senso di sconfitta e di perdizione ha sempre caratterizzato la società giapponese, anche in tempi non sospetti. Ne aveva parlato nel suo romanzo d'esordio del 1976 限りなく透明に近いブルー - *Blu quasi trasparente* (vincitore del maggiore premio letterario del Paese, l'Akutagawa). Ambientato nei pressi della base militare di Yotoka dopo i moti studenteschi del '68, il libro descrive, con toni di estrema crudezza, un gruppo di giovani giapponesi che trascorre le giornate facendo uso di sostanze stupefacenti e praticando sesso estremo anche con i soldati.

Lo stesso realismo impregna anche la sua opera più importante, *Topazu* (1988), di cui nel 1992 è stata realizzata la trasposizione cinematografica, diretta dallo stesso Muramaki,

Tokyo Decadence. Quest'opera ha avuto in Giappone un impatto maggiore di quello che *American Psycho* (1991) di Bret Easton Ellis ebbe negli Stati Uniti, a parità di critica feroce del narcisismo di quegli anni. Sia il romanzo sia il film di Murakami raccontano della prostituzione di ragazze giovanissime in una Tōkyō scellerata, che non lascia spazio alla dignità. Il tutto è ridotto all'umiliazione, alla perversione e al vuoto esistenziale. La ricerca dell'amore, quello vero, non è più possibile. Non c'è più niente che abbia veramente senso.

Del resto l'industria del sesso non è mai stata fiorente così come negli anni Ottanta, raggiungendo la massima espansione tra il 1983 e il 1985. Nobuyoshi Araki, uno dei maggiori fotografi giapponesi di tutti i tempi, con *Tokyo Lucky Hole* (1990) ha realizzato un ritratto antropologico di Kabukichō (il quartiere a luci rosse di Tōkyō), Ōsaka e Kyoto. Parten-

do da Johnny (il primo no-panty coffee shop, bar in cui la pavimentazione era a specchio e le cameriere servivano ai tavoli senza indossare le mutandine) di Kyoto, Araki ha immortalato uomini e donne nelle stanze private in atteggiamenti più o meno espliciti. Anche la fortunata serie di Netflix del 2019 *Il regista nudo* ha descritto molto bene lo sviluppo dell'industria pornografica di quegli anni. Seguendo la vita di Muranishi Toru, conosciuto in Giappone come «l'imperatore del porno», la trama ripercorre la sua folgorante carriera di regista di film per adulti dallo stile quasi documentaristico, compresa la sua rovina.

Il Giappone si ritrovò a essere un paese molto diverso da ciò che credeva di essere. Il consumismo sfrenato e l'edonismo avevano portato a degli squilibri sociali tangibili, a cominciare dal tasso di natalità più basso del mondo. La caduta del Muro di Berlino e la fine della Guerra Fredda avevano in qualche modo scosso la sua posizione subalterna agli Stati Uniti sullo scenario internazionale, senza indirizzarlo nell'immediato a un nuovo ruolo da protagonista. Il benessere economico non era stato distribuito equamente ovunque (la differenza tra le città e la campagna era ancora una volta evidente) e la crisi del mercato azionario aveva fatto conoscere alla nazione una nuova categoria sociale: i senzatetto.

Con la morte di Hirohito nel 1989 e la fine dell'era Shōwa il Giappone si avviò verso il Decennio perduto: sebbene questo titolo indichi la stagnazione economica dal 1991 al 2001, per molti economisti il Giappone non si è mai davvero ripreso da allora. ■

IL DECENNIO PERDUTO

•

IL PERIODO HEISEI
(1989-2000)

L'Era Heisei (pace raggiunta), iniziata ufficialmente l'8 gennaio 1989 con la successione al trono dell'imperatore Akihito, fu caratterizzata fin da subito da sentimenti di sconfitta e incredulità. Il Giappone doveva fare i conti con quanto accaduto nella seconda metà degli anni Ottanta e trovare una soluzione immediata.

La situazione finanziaria del paese era tragica. L'immensa ricchezza accumulata dalle aziende, contrariamente a ciò che si pensava all'estero, non aveva avuto ricadute sui cittadini: le imprese avevano preferito incanalare i profitti in investimenti *zaiteku* (ingegneria finanziaria) che avevano consentito alla speculazione di diventare parte del rendiconto degli utili aziendali per le imprese. A ciò si era unita una grandissima speculazione fondiaria: il terreno, già di per sé costosissimo, fungeva da motore del credito per l'intera economia. Così facendo, le banche accettavano la proprietà come garanzia per i prestiti.

Il governo non fece nulla affinché l'intero paese non sprofondasse nella recessione ma anzi, si rese responsabile di scelte estremamente dannose per la popolazione, come per esempio non usare il bilancio attivo per migliorare le infrastrutture preferendo acquistare attività all'estero. Quando la bolla scoppiò, il paese si ritrovò con una grandissima quantità di beni di lusso ma con piani di assistenza drammaticamente inferiori rispetto alle altre nazioni con economie sviluppate e con un'edilizia popolare decisamente arretrata.

Durante il terremoto di Kōbe del 1995 il mondo scoprì la vera situazione della società giapponese: considerata fino ad allora una *sōchūryū shakai* (società borghese), in quanto le forti diseguaglianze non erano state riconosciute poiché non se ne parlava, le strazianti immagini delle case più povere misero sotto i riflettori la *kakusa shakai* («gap society», la società del divario).

In queste circostanze, i coniugi imperiali si dimostrarono particolarmente vicini al popolo. L'imperatrice Michiko mostrò empatia nei confronti dei terremotati: grazie alla sua grande capacità comunicativa ebbe una visibilità mediatica senza precedenti, dimostrando di avere un ruolo pari a quello del marito.

E tuttavia i nuovi imperatori si trovavano al centro di un dibattito che proseguiva dal dopoguerra: la loro legittimità aveva ancora senso? Secondo l'Articolo 1 della costituzione «L'imperatore è il simbolo dello stato e dell'unità del popolo e deriva la sua posizione dalla volontà sovrana del popolo». La legittimità di Akihito e Machiko dipendeva dunque dalla volontà dei giapponesi e, proprio per questo, fecero di tutto per avvicinarsi a loro: il primo, contrariamente al padre Hirohito e alla destra conservatrice, assunse posizioni di grande apertura (per esempio scusandosi pubblicamente con Cina e Corea per i danni causati dall'occupazione giapponese), la seconda divenne il simbolo delle donne-mogli dell'Era Heisei, compassionevole e comprensiva. Per questi motivi Akihito fu celebrato come «l'imperatore del popolo». In un quadro di disastri e tragedie, la coppia imperiale venne vista come un esempio e le parole *shimin shakai* (società civile) e *borantia* (volontariato) diventarono simboli di speranza. Durante il terremoto di Kōbe, nell'impotenza della politica, l'imperatrice Michiko abbracciò le vittime e oltre un milione di volontari diede aiuto alla popolazione. Questa risposta fu così coinvolgente che il 1995 fu chiamato *borantia gannen* (era del volontariato) e, proprio per questo slancio di umanità disinteressata, alcuni intesero questo movimento come *atarashi shimin shakai* (inizio di una nuova società civile).

La politica giapponese, però, tradiva la visione ottimistica che la società desiderava. Nel 1989, quando la bolla speculativa si stava espandendo, il partito liberaldemocratico perse la maggioranza alla Camera Alta e, nel 1993, dopo quarant'anni si scisse. Per la prima volta emerse con chiarezza l'intricato sistema di corruzione che aveva coinvolto molti funzionari amministrativi e ufficiali di polizia, i quali avevano insabbiato diversi casi di negligenza e incompetenza. Fece molto discutere, per esempio, l'arresto nel 1996 del viceministro della Sanità e del Welfare Okamitsu Nobuharu per avere accettato favori da una società che chiedeva finanziamenti ministeriali: per ironia della sorte, era stato nominato per ridare lustro alla carica dopo che alcuni funzionari avevano messo in pericolo la vita dei cittadini coprendo la distribuzione di sangue infetto da Hiv. A causa di questa operazione 18.000 persone affette da emofilia contrassero il virus.

Il governo si mostrò totalmente impreparato ad affrontare qualsiasi tipo di problematica sociale, come emerse drammaticamente il 20 marzo 1995, quando la metropolitana di Tōkyō divenne lo scenario di un attacco terroristico con gas sarin[1] che causò 13 morti e oltre 6000 intossicati. Opera della setta Aum Shinrikyō capeggiata dal guru Asahara Shōkō, fu il più grave attacco verificatosi in Giappone dopo la seconda guerra mondiale.

---

1 Il sarin è un gas nervino inventato negli anni Trenta da uno scienziato tedesco su incarico di Hitler. Venti volte più letale del cianuro, per uccidere una persona ne basta una piccola goccia.

Sebbene il danno fosse circoscritto al cuore nevralgico della capitale, si scoprì che i piani della setta prevedevano attacchi anche alla villa imperiale e ai palazzi governativi. La polizia mise in luce che la sede centrale della setta, situata vicino al monte Fuji, era una base di laboratori dove si studiavano armi chimiche, batteriologiche e nucleari, oltre a custodire armi e un elicottero russo da combattimento: la Aum aveva infatti ramificazioni in Corea del Nord e nell'ex Unione Sovietica. Ciò che colpì ulteriormente l'opinione pubblica fu il fatto che gli adepti erano ragazzi molto giovani (alcuni avevano venticinque anni) provenienti dalle università più prestigiose del paese e laureati in materie scientifiche e matematiche. Nel tentativo di dare una spiegazione alla scelta di quei giovani, alcuni studiosi dichiararono che soffrivano di *sotsugyō kyōfushō*, la fobia dell'entrata nella vita attiva, che negli anni Novanta era diventata un vero e proprio dramma.

Questo avvenimento portò allo scoperto il boom delle sette religiose, un fenomeno chiamato «terzo risveglio religioso» che in realtà proliferava dagli anni Ottanta e che portò al fiorire delle *shinshūkyō*, le nuove religioni espressione della ricerca di valori e di benessere psicologico. I grandi risvegli in Giappone si collocano nelle fasi di radicali transizioni storiche, spesso accompagnate dalla percezione della fine del mondo. Il primo risveglio si colloca infatti agli albori della modernizzazione del Giappone, il secondo nell'immediato dopoguerra. A oggi esistono migliaia di sette e pseudo-religioni basate e variamente collegate a buddismo tantrico, induismo, concetti di derivazione giudeo-cristiana, new-age americana, neuroscienze, pacifismo e nazionalismo xenofobo.

La setta Aum ha lasciato una cicatrice indelebile nel popolo giapponese: ancora oggi è impossibile trovare cestini per la spazzatura in metropolitana e lontano dai *konbini* (supermercati aperti 24h) per paura di un nuovo attacco terroristico. Le testimonianze dei superstiti e quelle di alcuni affiliati alla setta furono raccolte da Murakami Haruki nel libro *Underground* del 1997.

REALTÀ SOCIALI ALLO SCOPERTO

La società giapponese che fino agli anni Ottanta sembrava ricca e felice, nei Novanta si trovò popolata da «invisibili»: senzatetto, disabili e anche molti emigrati che alla terza o quarta generazione tornavano in patria soprattutto dal Brasile. L'integrazione nel tessuto sociale e l'assunzione di una identità giapponese per queste categorie di persone furono praticamente impossibili, a cominciare dai più piccoli. La scuola, infatti, si dimostrò totalmente impreparata ad accogliere i bambini delle famiglie immigrate così come gli *hāfu*[2] (half), che divennero vittime di bullismo. Per tentare di minimizzare le differenze, alcuni genitori attribuirono ai figli nomi giapponesi, ma le evidenti differenze fisiche portavano gli insegnanti a inserire i bambini in programmi scolastici dedicati.

Anche le minoranze sessuali furono vittime di emarginazione: la situazione dei transessuali fu definita «disturbo dell'identità sessuale» e trattata come un problema da «fenomeni da baraccone». Sebbene la pressione straniera (*gaiatsu*) avesse spinto nel 1995 la Società giapponese di Psichiatria e Neurologia ad assumere che l'omosessualità (*dōseiai*) non fosse un'anomalia o inferiore all'eterosessualità (*iseiai*), i transessuali vennero patologizzati e medicalizzati secondo un procedimento traumatico. Chi voleva sottoporsi a transizione completa doveva avere almeno vent'anni, essere celibe o divorziato, senza figli minorenni e, dopo una diagnosi eseguita da almeno due psichiatri, poteva essere sottoposto a un trat-

2 Termine usato per indicare i figli di unioni tra giapponesi e stranieri.

tamento ormonale e di ricostruzione per acquisire i «genitali appropriati». La mancanza di vere tutele contro la discriminazione portò molte persone al suicidio.

Enormemente sentito era anche il problema dei coreani, che rappresentavano l'emblema degli extracomunitari, degli emarginati e della povertà. Nel 1990 l'imperatore Akihito incontrò il presidente sudcoreano Roh Tae-woo per porgli le scuse che il padre Hirohito non aveva mai elargito. Il presidente Roh, dal canto suo, invitò i sudcoreani a pensare a un futuro di relazioni amicali.

Nel 1991 l'attivista coreana Kim Hak-sun testimoniò pubblicamente di essere stata costretta a prostituirsi con i soldati giapponesi durante la seconda guerra mondiale. Grazie al suo coraggio altre donne dichiararono gli abusi subiti, facendo causa al governo giapponese per ottenere un risarcimento: partì il grande movimento di denuncia delle «comfort women», donne coreane ridotte a schiave sessuali alla mercé dei soldati nipponici durante il conflitto. Il governo giapponese negò tutto fino a quando Yoshimi Yoshiaki, docente dell'Università Chūō, scoprì i documenti che ne testimoniavano il coinvolgimento diretto. Con la Dichiarazione di Kono del 1993 il governo dovette ammettere le proprie responsabilità. Tuttavia, si rifiutò di pagare qualsiasi forma di indennizzo e si limitò a incoraggiare la formazione di organizzazioni private come l'Asian Women's Fund, che stanziò 40 milioni di dollari forniti dal governo giapponese e lettere di scuse alle vittime sopravvissute firmate dal primo ministro. La risposta coreana fu aspra: il fondo avrebbe dovuto essere statale e non privato e solo sette sopravvissute coreane accettarono i soldi.

I rapporti tra le due nazioni migliorarono nel 1998, quando il primo ministro Obuchi Keizō e il presidente

Dae-jung firmarono la Dichiarazione congiunta Giappone-Corea del Sud, in cui si promettevano cooperazione, scambi, miglioramento dello status sociale dei sudcoreani in Giappone e apertura alle importazioni culturali nipponiche come musica, *manga* e *anime*.

Nel 1995, in occasione del cinquantesimo anniversario della fine del conflitto, gli altri governi asiatici chiesero pubblica ammenda al Giappone per i crimini di guerra. La Dieta presentò un testo edulcorato che non fu neppure votato da oltre metà dei parlamentari. Il partito liberaldemocratico pubblicò un libro in cui si negava qualsiasi crimine di guerra da parte del Giappone, compreso il massacro di Nanchino. Fin dagli anni Novanta, infatti, un gruppo di accademici aveva fondato l'Associazione per la stesura di nuovi libri di testo con l'intento esplicito di eliminare dai libri scolastici tutti gli episodi come quello delle comfort women. Ciononostante, con la Dichiarazione di Murayama del 1995 il primo ministro socialista chiese pubblicamente scusa per i «terribili danni e sofferenze ai popoli di altri paesi, in particolare a quelli delle nazioni asiatiche» inflitti dall'impero giapponese. Questa posizione fu ben accolta dal popolo nipponico, anche se secondo parte dell'opinione pubblica non era sufficiente.

Con un tasso di crescita dello 0,4% il Giappone raggiunse picchi di disoccupazione mai toccati prima. Nelle imprese si iniziò a parlare di «ristrutturazione», ovvero tagliare posti di lavoro e costi invece di sviluppare nuove produzioni o tecnologie. I dipendenti in esubero che non venivano licenziati erano denominati «impiegati alla finestra»: veniva data loro una scrivania accanto a una finestra senza alcuna mansione da svolgere, sopportando l'ostracismo dei colleghi che speravano nelle loro dimissioni volontarie. Questa situazione continuò fino alla metà del decennio, fino a quando anche aziende del calibro di Toyota furono costrette a licenziare manager di medio livello che avevano superato i quarant'anni di età, senza sostituirli con impiegati più giovani. Lo stato di umiliazione sociale e psicologica conseguente provocò sindromi depressive e una nuova impressionante ondata di suicidi che coinvolse uomini di mezza età, donne e studenti: ogni giorno le corse delle metropolitane venivano sospese o rallentate a causa di coloro che decidevano di buttarsi sotto i treni.

Se per le donne non vi fu praticamente più nessuna possibilità di impiego, gli uomini che riuscivano a tenersi il posto di lavoro facevano di tutto per non perderlo e la parola *karōshi* tornò tristemente in voga. Con questo termine si indica il superlavoro, il lavoro continuativo e ininterrotto fino ad avere un attacco cardiaco, una condizione che, benché accentuata in quegli anni, era comunque fondata sull'idea largamente condivisa che l'impiegato giapponese modello dovesse lavorare più del necessario e senza mai prendere ferie (abitudine, quest'ultima, considerata tipica degli occidentali). Il *karōshi* fu così preoccupante che il Ministero del Lavoro creò una linea diretta per cercare di diminuire i decessi.

Alienazione e depressione investirono anche i più giovani. I bambini cresciuti nella bolla e diventati adolescenti negli anni Novanta si scoprirono schiacciati dalle aspettative sociali. La scuola si presentava loro come un sistema che imponeva un impegno sovrumano: se non si ottenevano buoni voti risultavano dei falliti agli occhi della famiglia e della società. Un regime alienante di regole severe, programmi di studio monotoni e migliaia di nozioni da imparare a memoria senza il minimo senso critico o di elaborazione di pensiero: per la scuola giapponese era importante il risultato,

tato, non il processo e ciò portò a una perdita totale dell'autostima da parte degli studenti. Il romanzo *Batoru Towaiaru* (*Battle Royale*, 1996) di Takami Koushun rappresentò la metafora del sistema scolastico e della società nipponica: studenti delle scuole medie costretti a combattere uccidendosi a vicenda secondo le direttive del governo giapponese denominato «Repubblica della Grande Asia Orientale». Ma i temi della spietatezza e della sopravvivenza all'interno del circuito scolastico nipponico continuarono a essere oggetto di opere anche negli anni successivi, come *As the Gods Will*[3] il film di Miike Takashi, uscito nel 2014.

ANIME E *MANGA* IN PRIMA LINEA: *NEON GENESIS EVANGELION*

Il mondo *manga* (*shōnen*[4] e *mecha*) seppe restituire un quadro metaforico perfetto di quello che la società giapponese stava vivendo. In un momento traumatizzante e senza futuro venne realizzato uno dei più grandi capolavori di tutti i tempi: *Shin Seiki Evangelion* (*Neon Genesis Evangelion*, 1995-1996). Dopo l'enigmatico e distopico gioiello dell'animazione *Fushigi no umi no Nadia* (*Nadia – Il mistero della pietra azzurra*, 1990-1991) e dopo quattro anni di depressione, Anno Hideaki confezionò l'opera più iconica e significativa del Decennio perduto.

A Neo Tokyo-3, una città futuristica costruita dopo una catastrofe planetaria chiamata Second Impact, Shinji Ikari viene reclutato dall'agenzia Nerv per pilotare il *mecha* gigan-

3 Ispirazione per la celebre serie coreana *Squid Game* (2021). Approfondimento sul blog: «Squid Game: un'analisi», https://www.cookingwiththehamster.com/squid-game-un-analisi

4 Categoria di *manga* realizzati per un pubblico maschile.

te Eva e combattere, insieme ad altri piloti, contro creature aliene chiamate Angeli.

Evangelion presenta tutti gli elementi che caratterizzano il Giappone degli anni Novanta: la mancanza di rapporti con i genitori, la depressione e l'alienazione giovanile, i territori devastati (che ricordavano sia i bombardamenti della guerra sia il terremoto di Kōbe), tematiche etiche e religiose (che, nella memoria collettiva dei giapponesi, rimandavano per esempio alla setta Aum), oltre a una lunga serie di riferimenti alla filosofia, alla biologia e alla scienza, la cui comprensione necessita di conoscenze specifiche. La visione apocalittica di questo *anime* mise a nudo l'intimità dei giapponesi, riflettendo la patologia del proprio tempo.

Evangelion è un prodotto raffinato ed estremamente complesso che ha portato il tema *mecha* a un livello superiore. Vi troviamo tutti gli elementi distintivi di questo filone, iniziato da Gō Nagai con *Mazinga Z* (1972). In queste opere, *Evangelion* compreso, la Terra o il Giappone sono minacciati da un pericolo che proviene da una civiltà antica e latente, o aliena e che attacca dallo spazio. Il nemico possiede una tecnologia superiore e gli stessi alieni ne sono spesso parte integrante. Uno scienziato – parente dell'eroe, spesso il padre, il nonno o lo zio – deve sviluppare la tecnologia in suo possesso per superare quella nemica, costruendo così un'armatura dove il protagonista si cala per comandarla attraverso un'interfaccia cyborg – la vita quotidiana degli anni Novanta fu caratterizzata da internet, cellulari, *tamagotchi* e satelliti.

Evangelion mette in scena tutti gli elementi narrativi della «scuola ortodossa» dei *mecha*, dando maggiore risalto al rapporto tra padre, autoritario e assente, e figlio. Questa relazione negata viene surrogata attraverso il legame eroe-robot, di cui quest'ultimo rappresenta il padre adottivo o il feto materno della defunta madre. Attra-

verso il nuovo rapporto, il protagonista perde il proprio sé raggiungendo un livello superiore che coincide con l'abbattimento della minaccia aliena. Shinji Ikari rappresenta l'antitesi dell'eroe canonico, perché è fisicamente debole, mentalmente instabile, titubante, pensieroso e depresso.

Lo sviluppo tecnologico, che già era stato un tema dominante nell'era Meiji e agli inizi dell'era Shōwa, negli anni Novanta non era più l'indice che dimostrava il raggiungimento e poi il superamento dell'Occidente, bensì un elemento strutturale della sopravvivenza stessa della società giapponese: una profonda sfumatura di significato che per le nuove generazioni diventò un imperativo.

OTAKU: LUCI E OMBRE

L'entrata nella recessione del Giappone si era accompagnata con un fatto di cronaca nera che aveva gettato nell'ombra l'immagine del paese. Nel 1989 il giornalista Nakamori Akio pubblicò un articolo sul serial killer Miyazaki Tsutomu: arrestato all'età di ventisei anni, fu accusato dalla polizia di avere rapito, mutilato e ucciso quattro ragazzine, di cui aveva mangiato parti del corpo. Miyazaki, inoltre, aveva spedito alle rispettive famiglie frammenti ossei delle vittime accompagnati da brevi note in cui si firmava con uno pseudonimo femminile. Nella sua abitazione la polizia trovò oltre seimila VHS di *anime hentai*[5], splatter movie e video digitalizzati dei suoi crimini, *manga* pornografici impilati che raggiungevano il soffitto e che oscuravano le finestre, oltre a un impressionante arsenale elettronico di computer e word processor.

Nel suo articolo, Nakamori aveva definito Myazaki «l'assassino *otaku*», rendendolo un caso emblematico ripreso da tutti i media. *Otaku* significa letteralmente «la vostra onorevole casa», un'espressione in disuso per dare del «lei» al grado massimo di formalità, ma fin dagli anni Ottanta la parola indicava una persona appassionata di *anime, manga*, videogiochi e computer appartenente a una sottocultura che aveva trovato ampia diffusione grazie a internet. Con il caso Myazaki, *otaku* diventò sinonimo di una patologica condizione di chiusura, di mancanza di comunicazione e di impossibilità di rapportarsi con gli altri. Gli *otaku* soffrivano di ciò che gli specialisti definiscono *fureai kyōfushō* (paura delle relazioni).

È interessante sottolineare che in Occidente questi ragazzi erano visti in modo positivo: dopo i *samurai*, i *kamikaze* e i

5 Letteralmente «pervertito» o «anormale», l'*hentai* indica *manga, anime* e videogiochi a sfondo sessuale/erotico.

sararīman, il fil rouge dell'orientalismo aveva aggiunto proprio l'*otaku*, in versione un po' caricaturale e inteso come nerd, ovvero appassionato di tecnologia e refrattario a socializzare. La copertina del 1993 della rivista *Wired*, considerata il manifesto della cultura cyberpunk, presentò come titolo la parola «*otaku*», celebrando la nuova cultura di massa made in Japan che, sull'onda del successo del *Comiket*,[6] trovò spazio nelle maggiori fiere del paese, primo tra tutti il Comic-Con di San Diego. L'interesse per il mondo *otaku* e il *cosplay* investì poi l'Europa, portando all'organizzazione di mega eventi come Lucca Comics & Games (dal 1993 in Italia) e Japan Expo (dal

6 Nata nel 1975 a Tōkyō, è la più grande fiera del fumetto del mondo.

1999 in Francia). *Anime* e *manga* come *Serial Experiments Lain* di Ueda Yasuyuki e Abe Yoshitoshi (1998) e *Blame!* di Nihei Tsutomu (1997-2003) portarono alla ribalta i temi della fantascienza apocalittica e computeristica, mentre lo sdoganamento definitivo del cyberpunk nell'immaginario collettivo occidentale si ebbe infine nel 1999 con il film *Matrix*.[7]

In Giappone però, a causa del caso Miyazaki, si scatenò una vera e propria psicosi mediale che stigmatizzò gli *otaku*, ghettizzati ad Akihabara, il «quartiere dell'elettronica» di Tōkyō, celebre per i numerosi negozi specializzati in *manga, anime*, videogames e action figures, considerati dei disadattati alla pari degli *hikikomori*, un'altra categoria (e patologia) sociale che in Giappone si era diffusa dalla metà degli anni Ottanta. *Hikikomori* è una persona che ha scelto di escludersi fisicamente dalla vita sociale spesso a causa dell'enorme pressione verso il successo personale a cui gli adolescenti giapponesi sono sottoposti. Gli *hikikomori* dormono durante il giorno e vegliano di notte leggendo *manga*, guardando *anime* e, soprattutto, sostituendo i rapporti sociali nella vita reali con quelli online. Vivono rinchiusi nella propria stanza, non escono nemmeno per lavarsi e si fanno recapitare il cibo a domicilio.[8]

L'assimilazione fra le due figure risultò tanto più ovvia quanto allarmante, dopo che furono rese pubbliche le fotografie della stanza di Miyazaki, identica a quella degli *hikikomori*.

Tra le videocassette rinvenute nella casa dell'assassino la polizia trovò i primi cinque film della serie splatter degli anni Ottanta *Guinea Pig*: Miyazaki si sarebbe ispirato a *Ketsuniku*

7 *Matrix* ha avuto il merito di avere fatto uscire allo scoperto i nerd, i quali vantano con orgoglio l'appartenenza a questa sottocultura avente precisi canoni estetici e di pensiero.

8 Col tempo questo fenomeno si è diffuso anche in Europa e negli Stati Uniti.

no hana (Fiori di carne e sangue) per realizzare i suoi atti atroci e a *Akuma no joi-san* (La dottoressa diabolica) per l'uso dello pseudonimo femminile nelle lettere. La serie era estremamente realistica, tanto che nel 1991 l'attore Charlie Sheen chiese un'indagine da parte dell'FBI per confermare che non si trattasse di uno *snuff movie*[9] reale, come in effetti non era.

Il processo a Miyazaki fu spettacolarizzato e mise in luce il problema del rifiuto di crescere. La difesa trasformò l'assassino in un simbolo generazionale: l'icona del vuoto morale, la distruzione delle strutture sociali tradizionali, la sovrabbondanza di informazioni e dati fini a se stessi tramite internet erano caratteristiche che accomunavano un'intera generazione. Così come era estremamente diffusa l'erotizzazione della figura della *shojō* (fanciulla), un altro elemento di grande interesse, messo in rilievo dall'antropologo Ōtsuka Eiji.[10] Secondo gli studi compiuti da Ōtsuka, la sessualità della *shojō* rappresenterebbe un «terzo

9 In cui si riprendono torture che culminano con la morte della vittima.

10 Negli anni Ottanta è stato redattore capo di *Manga Burikko*, una delle riviste principali che ha dato il via alla ricerca sulle sottoculture *otaku* in Giappone. Fu proprio in questa rivista, nella rubrica *Otaku no kenkyuu* (Otaku Research), che il giornalista Nakamori Akio coniò il termine *otaku* nel 1983.

sesso» al di fuori della dicotomia uomo/donna, un eros idealizzato venduto come un bene di consumo, che si trova ovunque in Giappone, attraverso il fenomeno *burusera*[11] il genere *lolicon*,[12] il *Lolita Complex*[13] e le bambole *shojō* a grandezza naturale in vendita nei grandi magazzini.

Nella casa di Miyazaki fu trovato un saggio di Ōtsuka: questo fatto spinse allora lo studioso a istituire un gruppo di supporto legale per la difesa dell'assassino, non per ragioni personali, ma al fine di denunciare il potere illimitato dei media di reinterpretare in maniera morbosa e scandalistica qualunque persona ed etichettarla come una minaccia per tutti sulla base dei suoi gusti o dei suoi hobby.

---

11 Termine usato per indicare le studentesse che vendono la propria biancheria intima e le uniformi scolastiche. I negozi di riferimento sono chiamati *burusera shop*. Questa parola deriva dall'unione di *burumā* (i pantaloncini delle tute da ginnastica) e *sērā-fuku* (la divisa alla marinara femminile).

12 Genere di *manga, anime* e videogiochi in cui i personaggi sono ragazze molto giovani mostrate in atteggiamenti sessuali.

13 In Giappone è un termine associato a *The Lolita Complex* (1966) di Russell Trainer, opera di psicologia pop in cui viene descritta l'attrazione dell'uomo adulto per le ragazze in età pubescente e pre-pubescente. Riguarda il sentimento di amore e l'attrazione sessuale per le ragazze giovani invece che per le donne adulte.

UNDERGROUND ICONOCLASTA

Il caso Miyazaki gettò nel panico il Giappone ma anche l'Occidente, alimentando l'idea che il Sol Levante fosse popolato da persone violente. La verità è che la produzione consumata dagli *otaku*, ossia l'underground, è stata il banco di prova per il mainstream di grande successo, a dimostrazione che all'epoca il Giappone fosse già un paese iconoclasta.

Uno dei documentari di nicchia che meglio ha rappresentato i giovani giapponesi degli anni Novanta è stato *Hell Bento* (1995) dove le sub-culture di Tōkyō vengono mostrate attraverso temi come sessualità e identità di genere (drag queen, Hiv, lesbismo), *geisha* (Hana chan, una *geisha* amante del punk), droga (speed shabu), *yakuza*, senzatetto, il gruppo nazionalista di estrema destra *Uyoku dantai,* la band The 5.6.7.8's[14] e la scena musicale noise e punk (The Jet Boys, Guitar Wolf e Merzbow).

Lo sviluppo di gruppi musicali underground rappresentò una forte e compatta controcultura all'ordine costituito, oltre che una potente valvola di sfogo. Se da un lato la letteratura classica di Murakami Haruki era esportata in tutto il mondo perché esaltava il rock, ovvero il genere che negli anni Ottanta e Novanta raggiunse la sua più grande potenzialità economica accompagnando il fruitore in una dimensione onirica, dall'altra parte il punk rappresentò la deriva e l'azzeramento dell'utopico amore libero: era la Black Generation dei romanzi nichilisti di Murakami Ryū.

Dopo la fondazione della prima casa discografica indipendente giapponese, la Godzilla Records, nel 1978, sull'onda di nuovi scenari musicali aprirono locali dove si esibivano band lontane dalle mode di Harajuku. The Stalin, prima fra tutte

---

14 Presente anche in *Kill Bill* (2003) di Quentin Tarantino.

per importanza, vantava come frontman Endō Michirō, che non aveva nulla da invidiare a Johnny Rotten dei Sex Pistols: si presentava nudo sul palco, insultava il pubblico e scagliava in platea brandelli di intestini di animali zuppi di sangue.

Il *manga* che registrò la palpitante scena musicale del periodo fu *Nana*[15] (2000), l'opera più significativa di Yazawa Ai. La storia ruota intorno alle vicende di due ragazze con lo stesso nome (Nana) e l'intera narrazione è immersa negli argomenti della moda e della musica punk.[16] Il successo planetario di *Nana* lo si deve alla capacità dell'autrice di avere trattato temi maturi come l'abbandono da parte dei genitori, la morte, le dipendenze (relazionali e dalle sostanze), il nascere *hāfu*, il bullismo, l'autodeterminazione e le relazioni con partner di età molto differenti.

Uno degli elementi strutturali in *Nana* è la moda: i personaggi vestono abiti e accessori di Vivienne Westwood, e proprio grazie a quest'opera la stilista britannica ebbe grandissimo successo in Giappone.

Vivienne Westwood è conosciuta in tutto il mondo per avere formalizzato la moda punk inglese. Negli anni Settanta, il marito Malcom McLaren, all'epoca negli USA come manager della band glam rock New York Dolls, venne a contatto con un genere musicale che si stava sviluppando nell'area di New York e De-

15 Approfondimento sul blog: «Ai Yawaza e le ispirazioni nell'alta moda», https://www.cookingwiththehamster.com/ai-yazawa-le-ispirazioni-nella-moda

16 Ren, il protagonista maschile, è un chiaro riferimento a Sid Vicious, mentre Takumi sarebbe ispirato ad Atsushi Sakurai, carismatico cantante giapponese post punk e rock gotico.

troit e che la stampa definì «punk» (come sinonimo di scarsa qualità) per indicare i «gruppi garage». Tornato in Inghilterra, McLaren, esperto di situazionismo e di esistenzialismo, sulla base dei suoi studi sperimentò la creazione di una band punk: così nacquero i Sex Pistols. Tutt'altro che casuali, avevano un'immagine curata nei dettagli dall'artista e grafico Jamie Reid, e rappresentarono un atto artistico studiato, che sfociò nel nichilismo estremo e nel disordine totale, ossia l'anarchia. I punk rivendicavano la loro provenienza dalla working class, durante i concerti facevano il «pogo» e organizzavano risse. Vivienne Westwood ne codificò l'estetica: indumenti strappati sadomaso e fetish, borchie, catene, pelle e svastiche, capelli rasati, spille da balia sul viso, collane con lucchetti, lamette al collo.

Nana cristallizzò un'intera generazione: in Giappone diede visibilità alle ragazze che scappavano dalla provincia per realizzare i propri obiettivi, in Italia, dove fu pubblicata nel 2002 mentre studiavo al liceo, incarnò il sogno nipponico per chi come me era appassionato di Giappone e desiderava seguire le mode del tempo. Iniziai a mettere da parte i soldi per acquistare online gli accessori di Vivienne Westwood, e intanto vivevo il mio periodo dark in una provincia in cui questa estetica proprio non piaceva. Leggevo *Nana* ovunque mi trovassi, anche a scuola, così che anche alcune mie compagne iniziarono ad appassionarsi: *Nana* aveva la capacità di affascinare davvero chiunque, perché chiunque riusciva a immedesimarsi, grazie all'estremo realismo dei personaggi e delle situazioni.

Credo di non avere mai superato la «fase *Nana*»: ancora oggi frequento la boutique di Vivienne Westwood in corso Venezia a Milano e il *manga* troneggia nella mia libreria. Sono convinta che ogni mia coetanea, appassionata del mondo *otaku*, non abbia dimenticato la forza di quest'opera destinata a rimanere incompiuta, in grado di rappresentare tutte le sfumature scomode del carattere umano.

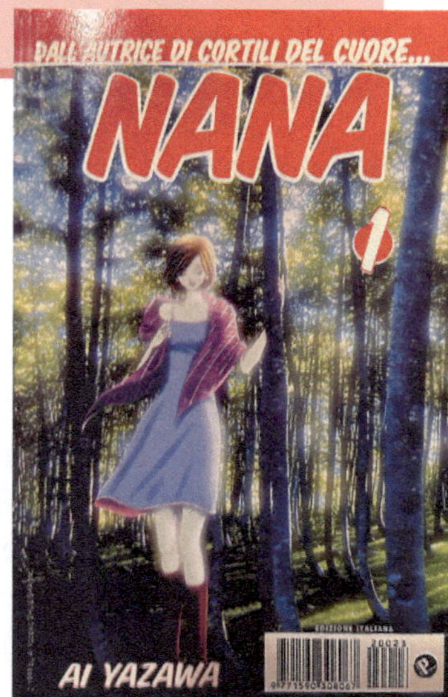

Mentre in Occidente il punk viveva un nuovo corso grazie al grunge[17] di Seattle, in Giappone diventò un fenomeno d'alta moda con Comme des Garçons: nel 1993 la collezione Sinergy anticipò di sei mesi l'iconico lavoro di Marc Jacobs per Perry Ellis, presentando modelle con camicie di flanella, slip dress, anfibi, jeans logori e capi over.

Se in Occidente il suicidio di Kurt Cobain sconvolse l'opinione pubblica, nel Sol Levante la morte auto-inflitta continuò a essere intesa in maniera estetica. Al contrario del cristianesimo, per il buddismo il suicidio non era un atto peccaminoso. In passato i guerrieri praticavano il *seppuku* come atto estremo per ristabilire il proprio onore, nel Giappone moderno il lavoratore doveva essere pronto all'estremo sacrificio, ossia dare le dimissioni in caso di errore o di man-

17 È interessante sottolineare come in Occidente il grunge sia stato colonizzato, per contro, dal *cute* (una possibile versione statunitense del *kawaii*): le mise infantili di Björk, le mollette rosa di Courtney Love, la tendenza degli anni Novanta di portare l'apparecchio fisso ai denti e i marchi dall'aria fanciullesca italiani come Fiorucci e Fornarina.

canza di risultati. Il licenziamento nella società giapponese equivaleva alla morte civile perché le possibilità di reintegro erano praticamente pari a zero. Il pervasivo sentimento di instabilità dovuto a una situazione lavorativa precaria spinse molti giovani giapponesi ad abbracciare il punk che, però, diversamente da quanto accadeva in Europa, mancava dell'aspetto «sociale» come il movimento squat (l'occupazione di case), le comuni o il fenomeno italiano dei punkabbestia.

Il punk legato alla produzione di «musica-terrorismo» mostrò i ritmi alienanti di una società iper gerarchizzata. Nell'underground nipponico il punk trovava dei punti di contatto con l'industrial,[18] ossia un'azione scenica multimediale realizzata con performance, video e strumenti elettronici e che voleva riprodurre un'atmosfera più che fare vera e propria musica. Mentre l'industrial occidentale era legato alle avanguardie, l'accezione nipponica traeva ispirazione dal *butō*, una danza che si era sviluppata negli anni Cinquanta rifacendosi al *kabuki*, al *nō*, alla danza moderna occidentale e all'espressionismo tedesco.

Tutte queste sperimentazioni in Giappone diventarono non-musica: il noise, dove tutto è orizzontale e anti-gerarchico. Il noise traeva origine dal Futurismo di Luigi Russolo che, con il suo intonarumori, aveva riprodotto la cacofonia di Milano di inizio Novecento. Allo stesso modo Masami Akita, uno dei massimi esponenti del japanoise e conosciuto come Merzbow, assemblò i suoni della vita di tutti i giorni in lunghissimi brani di puro rumore assordante.

Compositori come Melt-Banana e Nakahara Masaya (conosciuto come Violent Onsen Geisha) furono tra gli artisti più inclassificabili della storia della musica, mentre Hino Mayuko, fondatrice dei C.C.C.C. (Cosmic Coincidence

18 Termine coniato dal compositore statunitense Monte Cazazza.

Control Center), fece parlare di sé per le performance dove si faceva appendere a testa in giù, rendendo il *kinbaku*[19] e lo *shibari* estremamente attuali. Queste pratiche, riferite al mondo erotico e al bondage, traevano origine dallo sciamanesimo nipponico e sono considerate una forma d'arte. All'interno di questa scena si distinsero anche altre band femminili principalmente di Ōsaka: Shōnen Knife, Sekiri e le Angel'in Heavy Syrup. Nel 1990 l'album Torture Garden di John Zone Naked City fece conoscere l'estremismo musicale nipponico al resto del mondo. Yamatsuka Eyes (la voce dell'album) fu il primo cantante japanoise a essere messo sotto etichetta da una major, oltre ad avere portato la sua non-musica al Lollapalooza nel 1994.

A inizio millennio il japanoise divenne campo di interesse anche in Italia. Venta Protesix (Italo Belladonna), il maggiore esponente italiano e cultore del *kawaii* e del *lolicon*, è conosciuto nella scena underground per avere organizzato performance live a tema *gore*.[20] Nel giugno del 2016, dopo avere visitato Sapporo, si diresse con un trolley rosa a Tōkyō a bordo del treno della linea diretta appena inaugurata per incontrare il compositore Necromist a Shinjuku, dove i due misero in atto una guerriglia noise terminata dopo soli otto minuti a causa del rumore assordante: la polizia intervenne per mettere fine all'atto creativo, ipotizzando addirittura l'arresto.

La cacofonia della vita quotidiana e i ritmi disumani della società giapponese sono stati rappresentati anche sul grande schermo in film come *Tenshi no kuzu* (*Rottame d'angelo*,

---

19 *Kinbaku* è un termine giapponese relativamente recente, anche se per riferirsi alla pratica della legatura con le corde si usa generalmente la parola *shibari* (legare).

20 Termine giapponese che indica il sangue e, nella filmografia di genere, i film a tema carneficina.

1994) di Gakuryū Ishii, *Itsuka giragira suru hi* (*The Triple Cross*, 1992) di Kinji Fukasaku e, soprattutto, *Tetsuo* (*Tetsuo: The Iron Man*, 1989) di Tsukamoto Shin'ya, dove il *sararīman* compie una metamorfosi simbolica: l'uomo diventa macchina come risultato del suo ruolo alienante nella sfera lavorativa, degli impulsi sadomasochisti e del rapporto intenso tra genere umano e tecnologia.

In *Rubber's Lover* (1996) Fukui Shozin mise in scena il rapporto tra uomo ed esperimenti tecnologici che raggiungono risultati raccapriccianti e, in *964 Pinocchio* (1991), rappresentò i disturbi sessuali e mentali.

In tutte queste pellicole la colonna sonora è industriale e dissonante per sottolineare il disagio esistenziale e la claustrofobia del quotidiano.

Anche il rap, come il punk, venne utilizzato dai giovani giapponesi anticonformisti per esprimere la loro rivolta al sistema. La fucina dello street-style giapponese si sviluppò nei pressi di Harajuku, nell'area di Uehara, grazie a Fujiwara Hiroshi.

Fujiwara era entrato a contatto con la scena hip hop nella New York degli anni Ottanta,[21] portando poi in patria le produzioni musicali statunitensi, la cultura dei graffiti, il rap, la break dance e lo stile d'abbigliamento urbano che successivamente si fuse con la concezione punk nipponica di quegli anni. Fondò la scena Ura-Harajuku e dal 1990 fu uno dei maggiori influencer di street-style a livello mondiale con il brand Good Enough. Dopo di lui, un numero crescente di dj giapponesi importò da New York musica rap nelle maggiori città nipponiche. All'inizio seguire questa sottocultura significava uniformarsi al concetto di evasione attraverso la musica prettamente americana, ma con il tempo la scena

21 Genere musicale nato negli anni Settanta nel Bronx e che sarà ben rappresentato anni dopo da Larry Clark nel film *Kids* (1995).

hip hop divenne sempre più nipponizzata, tanto che molti musicisti ne fecero una carriera a tempo pieno.

Nagao Tomoaki (in arte Nigo) stampò le prime T-shirt oversized da abbinare a jeans di seconda mano, pantaloni cargo e sneakers Nike. Insieme a Takahashi Jun (di Undercover) nel 1993 aprì il negozio Nowhere, punto di riferimento per artisti di strada e per tutti coloro che non riuscivano a inquadrarsi nella società. Tempo dopo, Nigo aprì il negozio del suo brand Bape (A Bathing Ape), dove affidò ai graffitari il compito di creare i disegni per felpe e T-shirt: nacque così l'abbigliamento dei b-boy e delle b-girl, i ragazzi e le ragazze che ballavano la break dance. Bape collaborò poi con Supreme, che in quegli anni stava spopolando a New York.

Questi artisti trovarono spazio anche nelle riviste di settore: Fujiwara curò la rubrica «Last Orgy» per *Takarajima* e Nigo inaugurò la sua rubrica, poi ribattezzata «Last Orgy 2», per *Popeye*. Entrambi si occupavano di sub-culture, skate, dj, moda urbana, punk inglese e cinema.

Con il tempo la scena rap si fece notare anche fuori dai confini di Uehara. Infatti molti cultori dell'hip hop erano skaters, esattamente come avveniva in California, e gli allenamenti e le competizioni erano molto diffusi, quantomeno nelle aree urbane in cui non erano proibiti.

IL DECENNIO DELLE DONNE: INDUSTRIA EROTICA E LOLICON

Gli anni Novanta sono stati considerati il decennio delle donne che, messe da parte sul piano lavorativo, divennero protagoniste indiscusse delle produzioni televisive.

Con il tracollo del tasso di occupazione femminile e il conseguente aumento di casalinghe, si avvertì la necessità di creare dei contenuti di intrattenimento dedicati specificamente a un pubblico femminile. La società nipponica si aspettava che entro i trent'anni le ragazze diventassero adulte, casalinghe (*shufu*) sposate con figli. Emerse così la tendenza della *karisuma shufu*, la «casalinga carismatica», costituita da grembiuli alla moda, acconciature e make-up di buon gusto, iscrizioni a corsi di cucina e hobby manuali e blog online sulla cura della casa. Il mondo pubblicitario esaltava l'aspetto esteriore sull'intelligenza e le serie televisive davano «il buon esempio» rappresentando giovani professioniste in carriera che a fine giornata tornavano a casa per cucinare, pulire e badare alla famiglia.

La realtà però non era sempre così: molte donne dimostravano autonomia e indipendenza, nella scelta del proprio compagno così come nel rifiuto di avere figli. Alcune ragazze molto giovani scioccarono l'opinione pubblica adottando uno stile di vita promiscuo, praticato anche con gli occidentali e per questo vennero rinominate «yellow cab» (etichetta dispregiativa che richiamava i taxi statunitensi). La vita sessuale delle donne venne messa sotto una lente di ingrandimento durante tutto il decennio: in un momento in cui l'Aids dilagava, molte ragazze, soprattutto quelle che si prostituivano, venivano accusate di favorire il contagio del virus. Il mercato sessuale nipponico di quegli anni è ben rappresentato in *Tokyo Pink Guide* (1993) dell'americano Steven Langhorne Clemens: si tratta di una guida con consigli specifici, indirizzi di club dove l'autore era potuto entrare grazie agli agganci con amici locali, mappe dettagliate, costi e frasi utili per chi non mastica il giapponese. Non mancano riferimenti all'Aids, considerato in quegli anni una malattia degli occidentali: per questo motivo molti club iniziarono a essere vietati ai non giapponesi. In generale, gli occidentali potevano stare con prostitute filippine o tailandesi, ma mai con ragazze giapponesi.

Rental Room
レンタルルーム
3F
ーエデンー
Eden
03-3203-9666
タイ古式マッサージ
Thai Traditional Massage
アジアンリラックス
Asian Relax
2F
Welcome , Foreigner
外国人万也大歓迎
한국인 환영
12:00～翌5:00
選んで
話して
即デート
community cafe
KIRARI
出会いカフェ
すべて
女性は
無料!
男性は

Sebbene la prostituzione in Giappone fosse stata bandita nel 1958, un nuovo sistema di *fūzoku*[22] si era sviluppato negli anni successivi, basato sulla premessa di non consumare rapporti completi. Gli anni Novanta hanno rappresentato il boom dei club del sesso di quartieri come Kabukichō, fotografato con minuzia di particolari da Joan Sinclair in *Pink Box Inside Japan's Sex Clubs* (2006). Lavorare in questa industria permise a molte ragazze di guadagnare grandi somme di denaro in poco tempo e in maniera relativamente semplice, sebbene molte di loro finissero per essere ricattate e maltrattate dalla *yakuza*, la malavita giapponese.

Nell'universo fumettistico la donna era rappresentata forte e dotata di poteri in grado di salvare il mondo. Rispetto ai classici *manga* di successo per ragazze come *Mamarēdo Bōi* (*Marmalade Boy*, «Piccoli problemi di cuore» di Yoshizumi Wataru, 1992-1995) e *Kodomo no omocha* (*Il giocattolo dei bambini*, «Rossana» di Obana Miho, 1994-1998), che narravano drammi e situazioni quotidiane di persone comuni o *aidoru*, *Bishōjo senshi Sērā Mūn,* «La bella ragazza guerriera Sailor Moon»[23] (*Sailor Moon*, 1991-1997) rappresentò il grande salto dalle maghette anni Ottanta alle combattenti guerriere. Nell'opera di Takeuchi Naoko i temi dell'amore, amicizia, fluidità di genere e lotta contro il male si mescolano con un'estetica di vestiti alla moda e divise scolastiche. Questi riferimenti hanno caratterizzato poi altre serie *shojō* di enorme successo come *Majikku Naito Reiāsu* (*Magic Knight Rayheart*, 1993-1995) e *Kādokyaputā Sakura* (*Card Captor Sakura*, 1996-2000) delle CLAMP.

---

22 Termine con il quale ci si riferisce all'industria del divertimento erotico a pagamento.

23 Approfondimento sul blog: «Naoko Takeuchi e Sailor Moon: le ispirazioni dell'alta moda», https://www.cookingwiththehamster.com/naoko-takeuchi-e-sailor-moon-le-ispirazioni-dell-alta-moda

I prodotti *manga* e *anime* anni Novanta hanno tutti una peculiarità: la divisa scolastica come uniforme dei personaggi che da ordinaria nella vita scolastica diventa straordinaria durante i combattimenti.

L'uniforme scolastica maschile fu introdotta nel 1879 come variante giovanile della divisa dell'esercito giapponese di fine Ottocento, a sua volta ispirata all'uniforme dell'esercito francese del Secondo impero e a quella prussiana del 1870. La divisa femminile, invece, di stampo marinaresco (*sērā fuku*, vestito alla marinara), entrò in auge solo negli anni Venti, a causa della scarsa praticità del *kimono*.

Gli studenti divennero i simboli del sistema politico giapponese dell'anteguerra, così come dopo la guerra la figura dello scolaro diventò sinonimo di disciplina e moralità nelle pubblicità, sui francobolli e nei programmi televisivi. Sulla falsariga delle rappresentazioni militari estatiche di Mishima Yukio, scrittore di cui ho già parlato, la figura idealizzata dello studente finì per entrare nell'immaginario porno omosessuale e nel nichilismo d'avanguardia *ero-guro nansensu* del fumettista Maruo Suehiro, con i suoi ritratti di ragazzi in uno stato di turbamento sessuale e comportamentale.

Negli anni Settanta l'uniforme scolastica entrò a far parte dello streetwear contribuendo allo sviluppo successivo di un'estetica basata sul genere *lolicon* con il *manga Hizashi* (di Azuma Hideo, 1979-1984) e sul genere della studentessa deviata con il film *Sērā fuku to kikanjū* (*Sailor Suit and the Machine Gun* di Sōmai Shinji, 1981), in cui una ragazzina in uniforme guida una banda di *yakuza* armata di mitra. Nel 1985 Mori Nobuyuki pubblicò *Tōkyō joshikō seifuku rangai* (Note sulle uniformi delle liceali di Tōkyō), un volume che univa etnologia accademica e feticismo con riproduzioni dettagliate delle uniformi e mappe delle scuole. Ancora nel 2010, uscirà *Schoolgirl complex* del fotografo Aoyama Yuki, il primo volume di quella che poi sarebbe diventata una serie di scatti voyeristici con liceali come protagoniste.

Parallelamente, emerse una nuova industria a sfondo erotico basata sulla vendita di oggetti delle liceali: uniformi, biancheria usata, assorbenti igienici, accessori e costumi usati durante le lezioni di educazione fisica, ma anche provette contenenti saliva e feci. I *burusera shop* erano i negozi specializzati nella vendita di questi articoli e solo a Tōkyō se ne contavano a decine. La situazione era fuori controllo: nel 1994 la polizia arrestò per la prima volta il proprietario di un *burusera shop* per aver venduto biancheria intima usata di una minorenne. Nel 1999 il governo varò delle leggi contro la pedo-pornografia, che comportarono la chiusura in blocco di queste attività, anche nel tentativo di arginare una nuova forma di prostituzione chiamata *enjo kōsai* (appuntamento sovvenzionato), vale a dire gli appuntamenti segreti delle liceali (ma anche di casalinghe) con uomini maturi in cambio di denaro o regali.

Se negli anni Ottanta gli incontri tra studentesse e uomini maturi avevano luogo all'interno dei club soprattutto di Shinjuku, negli anni Novanta avvenivano a Shibuya dove le ragazze organizzavano appuntamenti tramite computer, telefoni cellulari o *telekura* (locali forniti di centralino dove i clienti attendevano le chiamate delle liceali) per non farsi trovare dalla polizia. Le giovani chiamavano il *telekura* tramite un numero verde che rimbalzava la chiamata e il relativo costo al cliente. Col denaro ricevuto le ragazze potevano acquistare borse e capi firmati, trascorrere del tempo con le amiche nei locali alla moda e comparire sulle riviste dedicate alle ragazze più popolari delle scuole.

Questo particolare fenomeno è stato trattato nei *manga* come *Gals!* di Fujii Mihona (1998) e *Peach Girl* di Ueda Miwa (1998-2004), oltre che in film come *Bounce Ko Gals* di Harado Masato (1997), *Eating Schoolgirls: Osaka Telephone Club - Eat the schoolgirl*, di Tomomatsu Naoyuki (1997), *Shoujyo: An Adolescent* di Okuda Eiji (2001), *Enjo-kōsai bokumetsu undō - Stop The Bitch Campaign* di Suzuki Kōsuke (2001) e *Tenshi no Koi - My Rainy Days* di Kanchiku Yuri (2009).

I media si scatenarono su *enjo kōsai* e le liceali in servizi al telegiornale, talk show, documentari, programmi educativi e format dedicati. Le studentesse venivano mostrate alla tv nazionale con inquadrature dal basso verso l'alto o con la telecamera fissa sulle gonne e sulle gambe, il viso pixellato e la voce distorta digitalmente. Giornalisti e reporter si accampavano a Shibuya sulla via commerciale Sentāgai o all'uscita del centro commerciale 109, fermavano le ragazze e chiedevano loro di mostrare il contenuto delle borse. I telespettatori potevano così vedere quanti soldi avessero e le marche degli accessori, ed erano indotti a domandarsi dove potessero avere preso il denaro per acquistare oggetti così costosi. Le liceali venivano descritte come prostitute anche per l'uso che facevano dei *pokeberu* (pocket bell, cercapersone) e dei *dengondial* (messaggi vocali di posta elettronica per incontrare uomini adulti).

Per me, il film più importante sull'*enjo kōsai* è *Love & Pop* (Rabu & Poppu, 1998), realizzato da Anno Hideaki dopo il successo di *Neon Genesis Evangelion* e basata sul romanzo di Murakami Ryū *Topaz II*, il seguito di *Tokyo Decadence*.

Ambientato a Shibuya il 19 luglio 1997, il film trascina lo spettatore in un girone dantesco di situazioni legate alla prostituzione minorile. Il tutto è girato con telecamere digitali portatili che danno un'impressione di amatorialità: lo spettatore sembra un personaggio centrale del film, diventando fisicamente presente nello svolgimento delle vicende.

Love & Pop è un film grandioso perché mette in scena un ritratto delle miserie umane, ribaltando completamente la visione edulcorata e positiva di Shibuya: da centro dinamico di un paese moderno dalle risorse illimitate, diventa un susseguirsi di cemento, apatia e assenza di dignità e identità. Gli uomini rappresentati sono grotteschi, caricaturali come in un *anime*, mentre l'universo femminile è complesso, nostalgico e schiacciato da qualsiasi tipo di pressione esterna.

Ho sempre considerato *Love & Pop* un esempio di «cinema verità» rispetto al suo tempo, un atto di estremo coraggio e libertà artistica che restituisce allo spettatore tutte quelle dinamiche che i turisti non colgono all'ombra di Hachiko.

LE RAGAZZE DI SHIBUYA

Ma chi erano queste liceali di Shibuya? All'inizio degli anni Novanta erano ragazze che volevano divertirsi tentando di seguire le orme delle sorelle più grandi che avevano vissuto i fasti del decennio precedente, reinterpretando in maniera meno artefatta gli stilemi del vecchio edonismo attraverso due correnti principali: lo *shibukaji* (Shibuya casual, una fusione del Bon Chic Bon Genre, *bodikon* e *preppy*) e il *french casual* (stile nato sull'onda di brand come Agnès b, ispirato alla moda francese vintage fatta di trench beige, magliette a righe e baschi).

Nella seconda metà del decennio si impose il *gyaru*[24] (da *gal*, ragazza), stile caratterizzato da rappresentazioni esagera-

24 Termine usato per la prima volta nel 1972 in una pubblicità televisiva di jeans. Nel 1993 lo speciale Za Kogyaru Naito (*The kogal night*) presentò per la prima volta questo stile al pubblico di massa.

te delle adolescenti americane e che esibiva in modo esplicito la non conformità al ruolo imposto alla donna in una società che, per questa ragione, decise di catalogarle come ribelli, delinquenti e prostitute. Inizialmente il termine per indicarle era *kogyaru* (ragazza del liceo), usato dai buttafuori delle discoteche per distinguere le minorenni dalle donne adulte. Le eroine di questa ondata furono Masuwaka Tsubasa, Funayama Kumiko, Ozaki Sayoko e Sakurai Rina.

Le *kogal* (piccola ragazza) giravano principalmente a Shibuya (il punto di riferimento era il centro commerciale 109),[25] a Ikebukuro e a Shinjuku. A rischio di venire espulse da scuola,[26] adattavano le uniformi scolastiche secondo lo stile *oshare* (vistoso), *chō kawaii* (ultra carino) e *shitagikei* (stile lingerie). Arrotolavano più volte in vita l'orlo della gonna della divisa in modo da ottenere una minigonna e lungo i polpacci indossavano i *rūzu sokkusu* (loose socks), calzettoni larghi e morbidi che ricordavano gli scaldamuscoli. Durante i mesi freddi indossavano sciarpe Burberry marroni o color senape con motivo a quadri con strisce nere, bianche e rosse, piccola pelletteria Prada e Louis Vuitton, accessori *kawaii* (portachiavi e porta-cellulari di Hello Kitty), i *pitchi-aimodu* (piccoli cellulari con funzione e-mail) e macchine fotografiche usa e getta. La sera sfoggiavano lunghi cappotti stretti con colli di pelliccia, micro vestiti e camicie in tessuti economici, solitamente imitazioni in acrilico delle stampe di Hermès.

Se le *shiro gyaru* (o *ganjiro*, ragazza dalla pelle bianca) si cospargevano di crema solare per mantenere la pelle bianca, per le altre l'abbronzatura da lampada era fondamentale, così come la nail art elaborata, l'applicazione di tatuaggi tempo-

25 Inaugurato nel 1979, divenne popolare dal 1995 per ospitare i negozi dei marchi di riferimento della cultura *gyaru*.

26 Nei licei giapponesi non era consentito aggiungere accessori alla divisa.

ranei e capelli decolorati o con *meshu* (mèche, colpi di sole). Questi codici stilistici derivavano in parte dalle *paragyaru* (paradise girls) a imitazione dei look e dello stile di vita delle ragazze californiane, veicolati da Baywatch e dall'arrivo di star straniere bionde e abbronzate come Britney Spears e Kylie Minogue. Quest'ultima, fra l'altro, nel 1996 incise con il produttore musicale giapponese Tei Tōwa la canzone *Sometime Samurai*, pubblicata in Giappone come singolo radiofonico promozionale.

La moda *gyaru* aveva uno slang ricco di neologismi tratti dagli *shōjo manga* ed espressioni riferite alla sfera sessuale, era legata ai *purikura* (cabine per le foto-tessere adesive con effetti speciali *kawaii*), ai *rabu hoteru* (love hotel),[27] al *deco-*

27 Hotel che permettono di soggiornare qualche ora o tutta la notte e dove la privacy è totale.

den (da «deco» e «*denwa*», ossia «telefono» in giapponese), la moda di ricoprire telefoni cellulari, accendini, specchietti, le proprie unghie[28] con gemme, strass, fiocchi e pezzi di resina.

Fondamentale nella cultura *gyaru* era la *Para Para* (o Para Para dance), una danza sincronizzata su una determinata canzone. Gli albori di questo ballo risalirebbero agli anni Ottanta, quando i paesi europei iniziarono a esportare l'Italo dance e l'Euro disco. Questo genere di musica divenne celebre in Giappone solamente verso la fine degli anni Novanta, con le varianti *TechPara* (techno) e *TraPara* (trance). Gli eventi ufficiali *Para Para* venivano organizzati da club (come Starfire, SEF, 9LoveJ, Twinstar, Xenon, King & Queen) che registravano *video club* in VHS e dvd, essenziali per imparare a memoria le coreografie. Il 21 marzo 1994 Avex Trax, la maggiore etichetta musicale indipendente giapponese che produce Super Eurobeat, pubblicò il primo video club in videocassetta contenente quaranta canzoni e intitolato *ParaPara Kyouten 0*. La consacrazione ufficiale e nazionale di questo genere musicale avvenne durante il programma televisivo SMAPxSMAP, quando Kimura Takuya interpretò le canzoni *Night Of Fire / Niko* e *Micky Mouse March* in versione Eurobeat, e con il successo della cantante Suzuki Ami.

Le *gyaru* comparivano in editoriali di riviste specializzate realizzati da fotografi professionisti e in mini interviste. Riviste come *Popteen*[29] e *Happie Nuts* (un magazine i cui editori era-

---

28 La cultura *gyaru* portò al boom dei centri estetici in cui le ragazze si facevano applicare unghie in acrilico o in gel molto vistose. Si trattava di un hobby abbastanza costoso, motivo per cui tante ragazze impararono a farsi la nail art da sole a casa.

29 Fondata negli anni Ottanta, nel 1994 fu acquistata dalla Kadowaka Haruki Corporation, diventando una delle riviste femminili di punta. Per il giornale posarono modelle e cantanti come Hamasaki Ayumi, Funayama Kumiko, Amuro Namie e artiste internazionali come Gwen Stefani, Avril Lavigne, Fergie e Britney Spears. Il *doku-moderu* era la possibilità che la rivista dava ai lettori di posare come modelli.

no stati precedentemente coinvolti nella pornografia per uomini) furono le prime a documentare questo stile. Nel 1995 venne fondata *Egg*, la principale rivista di riferimento, seguita l'anno successivo da *Cawaii!*[30] Nel 1997 Aoki Shōichi fondò *FRUiTS*, il magazine-bibbia che ritrasse in centinaia di scatti lo street-style giovanile. *Heart Candy*, poi, costituì la redazione della testata con ragazze tra i diciotto e i vent'anni.

Con il passare del tempo, però, alcune ragazze iniziarono a trascurarsi: indossavano vestiti sporchi, stavano accovacciate per strada alla *unko-suwari* (come sul gabinetto) alla stregua dei motociclisti rozzi degli anni Settanta. Si erano trasformate in *ogyaru*, ragazze sudice, che non si facevano la doccia e che dormivano per strada. Era la forma più estrema della ribellione delle *gyaru*, che le portò a contraddire la visione estremamente pulita dei giapponesi, soliti a farsi il bagno quotidianamente.

È indubbio che la pressione sociale e mass-mediale fu davvero soffocante per molte di loro. Le *kogal* furono percepite come l'essenza della vita sociale contemporanea, spettro del vuoto spirituale del Giappone moderno e il loro stile di vita fu considerato parassitario nei confronti dei genitori. Paradossalmente, i censori dei loro comportamenti erano gli appartenenti alla generazione precedente, che avevano vissuto il narcisismo e il consumismo sfrenato, che avevano speso enormi quantità di denaro in oggetti futili, che non avevano mostrato alcuna coscienza morale e politica. Furono queste persone che alla fine degli anni Novanta fecero la morale alle nuove generazioni, come se il declino della nazione fosse colpa loro.

---

30 Divenuta così importante che successivamente furono lanciate le «riviste sorelle» *S. Cawaii* e *Hanachu*.

LA RIVOLTA DELLE GANGURO

La moda *kogal* raggiunse il picco nel 1998 trasformandosi nello stile *ganguro* a seguito del successo nel 1996 di Amuro Namie. Originaria di Okinawa, Amuro era una cantante di musica pop romantica e sensuale che incorporava i registri afroamericani del funky, hip hop e rhythm&blues. Il suo stile fu definito *amurā* e venne copiato in tutto il Giappone: una figura snella e slanciata, *chapatsu* (capelli decolorati e spesso tinti castano chiaro), pelle abbronzata e stivali con zeppa vertiginosa.

Il *ganguro* (viso scuro) fu uno stile sfaccettato in sotto-categorie a seconda del grado di abbronzatura. La moda *ganguro* implicava un'abbronzatura che doveva superare il primo livello superficiale *komugi* (color del grano) attraverso lampade, fondotinta scuri o... andando al mare (le mete più ambite erano le Hawaii e la California). Le *ganguro* avevano i capelli tinti e spesso decolorati (rosa shocking, arancione, grigio argento o biondo platino), usavano abbondante eye-liner nero, correttore bianco come ombretto, cipria e rossetto perlacei, ciglia finte, applicavano adesivi e brillantini sul viso, indossavano abiti kitsch e succinti, braccialetti, sneaker, sandali o stivali dai 10 ai 20 centimetri e collane hawaiane con fiori. Una delle prime *ganguro* fu Buriteri, il cui soprannome fa riferimento alla salsa di soia scura usata per il *teriyaki*, che divenne famosa grazie alla rivista *Egg* che la ritrasse in copertina e in un editoriale il 3 marzo 2000. Grazie alla notorietà data dal magazine, lavorò come modella e fece la pubblicità per un solarium. Ma in seguito, a causa della pressione sociale si ritirò e oggi vive una normale vita da mamma.

La declinazione del *ganguro* più estrema è quella delle *manba* o *yamanba*, «vecchia strega di montagna»: termine associato a una figura grottesca del folklore nipponico dotata

di poteri sovrannaturali e raffigurata con una chioma bianca, occhi enormi e la bocca aperta. Le *yamanba* usavano ombretti pastello, rossetto bianco, adesivi e brillantini sugli occhi, lenti a contatto colorate, abiti fluorescenti, plush della Disney come accessori (soprattutto *Lilo e Stich*), scarpe con la zeppa anche di venticinque centimetri, capelli argentei o bianchi e, soprattutto, sfoggiavano un'abbronzatura scurissima, praticamente nera, che in contrasto con il trucco bianco sugli occhi valse loro il soprannome di «panda» o *negafirumu* (negative film, il negativo della pellicola).

Nonostante il look eccessivo, l'obiettivo delle ragazze era di apparire *kakkōii* (cool, unione di *kawaii* e *sekkushī*, sexy) attraverso lo sviluppo di micro-trend: *bābī* (Barbie) o *banba,* vestiti corti a tinta unita (rosa, rosso, giallo e bianco), *roco* (contrazione hawaiana dall'inglese local), shorts di jeans e T-shirt con stampe floreali, *retoro* (retrò), pantaloni a zampa e capi di seconda mano, *kigurumi*, abbigliamento mascotte, *romanba*[31] (romantico), capelli e vestiti rosa chiaro, accessori degli *Aristogatti* della Disney (soprattutto il personaggio Marie) e, infine, *otona* (adulto) o *oneesan* (sorella maggio-

31 La rappresentante più conosciuta di questo sottogenere fu Ka-Tan, modella di *Egg magazine*.

re), colori scuri, gonne al ginocchio e tacchi alti al posto delle zeppe. Di quest'ultima frangia fecero parte le *rakkukei gyaru*, le ragazze che imitavano esplicitamente lo stile R&B: i capelli con dread, capi attillati e matita scura sugli occhi. Dello *yamanba* esisteva anche l'equivalente maschile, il *sentaagai* (ragazzo da via centrale), come riferimento a Sentāgai, la via dello shopping di Shibuya.

Tutte le declinazioni dello stile *ganguro* erano intercambiabili e celebrate in nuove riviste come *Egg. Get wild and be sexy,* che davano consigli per gli acquisti presso il centro commerciale 109,[32] indicazioni sul make-up e dove trascorrere la vita notturna, rispondevano alle domande delle lettrici tramite rubriche apposite e, ovviamente, contenevano reportage fotografici corredati da mini interviste. Le *ganguro* passeggiavano per strada, dove i fotografi le fermavano per realizzare shooting. Le si poteva vedere sempre in gruppo mentre facevano shopping, mangiavano nei fast food o si truccavano sul marciapiede accovacciate per terra. Si scrutavano a vicenda alla ricerca di una nuova amica oppure di una rivale, perennemente affaccendate per essere considerate le regine di Shibuya. Sfoggiavano cellulari decoden e ballavano la Para Para.

Il senso di comitiva delle *ganguro*, decisamente maggiore rispetto alle prime *gyaru*, insieme a uno stile di vita improntato al divertimento e al narcisismo, attirò ancora una volta il paternalismo spietato degli uomini di mezza età. Furono rimproverate per la scarsa attenzione alla propria salute a causa delle lampade a cui si sottoponevano tutte le setti-

32 Le ragazze dello staff del 109 erano diventate delle vere icone dei marchi di cui vendevano vestiti e accessori (i principali furono ALBA ROSA, COCOLULU, me Jane, KAPALUA e EGOIST). Una commessa di quest'ultimo, Watanabe Kana, divenne una *charisma tenin* (*charismatic shop staff*), ossia una icona per altri negozi che iniziarono a vestire il proprio staff prendendo lei a modello.

mane, per le diete estreme (alcune soffrivano di disordini alimentari) e per l'abbigliamento pericoloso: a causa delle zeppe vertiginose, infatti, alcune *ganguro* erano morte cadendo per strada. E, a parte queste considerazioni, erano anche considerate poco attraenti e spesso apostrofate con *kimochi warui* (fanno schifo) per il loro aspetto esteriore e la loro promiscuità sessuale.

Il fenomeno *ganguro* era nato come nipponizzazione della cultura afroamericana del dopoguerra e degli anni Cinquanta, quando i soldati americani avevano importato in Giappone la black music e la cultura surf. Non si trattò di appropriazione culturale o blackface (nessuno agì con l'intento di ridicolizzare i neri), tutt'altro. Fu piuttosto un modo di esprimere un profondo sentimento di disillusione nei confronti della società giapponese. Lo sfoggio della pelle scura manifestava l'insoddisfazione verso il sistema e verso la giapponesità che tradizionalmente si basava sul colore bianco (basti pensare ai simboli della nazione come il riso o la cima innevata del Fuji). Sebbene alcuni critici abbiano tentato di ridimensionare questo fenomeno a una parodia della West Coast, in realtà le *ganguro*, che appartenevano in prevalenza ai ceti meno abbienti, si contrapponevano esplicitamente all'*ojōsama*, ovvero al modello sociale della giovane aristocratica dalla pelle bianca che non aveva bisogno di lavorare, e si consideravano come gli «altri»: tailandesi, filippini, vietnamiti, nativi di Okinawa e *nikkei-jin* (emigrati giapponesi soprattutto in Sud America), insomma tutti coloro che avevano la pelle scura e che venivano nel Sol Levante per svolgere i lavori più umili.

Il *B-kei B-gyaru* fu il sottogenere che portò all'estremo la volontà di distanziarsi dal modello giapponese, tanto da venire etichettato come Black Fashion. L'obiettivo era di somigliare alle star nere R&B dei video degli anni Novanta con treccine elaborate e colorate con extension, catene di diamanti, tatuaggi, berretti con visiera e abiti ispirati ai cantanti hip hop e alla dancehall.[33] Simile al *B-gyaru* era lo stile *bibinba*, che includeva bigiotteria dorata e il cui nome probabilmente rimandava alla parola dispregiativa inglese bimbo.[34] Le *chola gyaru* prendevano ispirazione dalla cultura *chicana*,[35] indossando jeans ampi, camicie di flanella in tartan, cappelli con visiera, canotte, bandane, occhiali scuri, catene d'oro e tatuaggi. Le *rasuta gyaru* si ispiravano invece maggiormente alla cultura Rastafari:[36] portavano abiti con i colori della bandiera giamaicana, abbinati ad accessori come borsette in paglia con il simbolo della cannabis e ascoltavano Bob Marley.

Artiste giapponesi come Crystal Kay Williams, Hikaru Utada e Heartsdales furono l'espressione di questa tendenza al black che fu aspramente criticata dalla società giapponese, e contestata anche da molti occidentali negli anni Duemila perché la ritenevano una appropriazione culturale. Ma le *B-gyaru* risposero di avere sempre rispettato e apprezzato la cultura nera in tutti i suoi aspetti.

Nel 1999, con il raggiungimento del massimo grado di abbronzatura, in totale controtendenza si affermò il *bihakukei* (stile bello e bianco). Molte ragazze, stanche del modello kitsch delle *ganguro*, intrapresero un'inversione di rotta che per un bel po' oscurò la moda della pelle nera.

---

33 Genere musicale sviluppatosi alla fine degli anni Settanta in Giamaica.

34 Termine gergale usato per indicare una donna bionda, con un bel corpo fasciato da vestiti aderenti e poco intelligente, ossia lo stereotipo della «bionda stupida».

35 Identità scelta per sé dai messicani residenti negli Stati Uniti per esprimere la propria cultura ed etnia.

36 Movimento politico-religioso giamaicano che considera il popolo nero come eletto e l'imperatore di Etiopia come l'incarnazione terrena di Dio.

J-ROCK E *VISUAL KEI*

Se il pop e il city pop fecero da colonna sonora al miracolo economico nipponico degli anni Ottanta, il rock caratterizzò il Decennio perduto. A livello mainstream il *visual kei* (stile visivo) fu la corrente musicale rock più apprezzata dal grande pubblico. Sviluppatosi a partire dal *kote kei* degli anni Ottanta, il *visual kei* si ispirò alle band hair metal come Europe e Guns N' Roses e alle correnti europee post punk e new wave. Il termine rimanda all'importanza fondamentale del look degli interpreti: l'immagine ha lo stesso peso della musica e le rappresentazioni sono caratterizzate da una teatralità che definisce lo stile di ogni singola band *J-Rock* e che venne esaltato da riviste di settore come *Cure* e *Neo Genesis*.

I primi interpreti del *visual kei* furono gli X Japan con il chitarrista-icona Hide (Matsumoto Hideto), modello per migliaia di giovani giapponesi ribelli. Nel 1988, al culmine della carriera, fu trovato impiccato nel suo appartamento a Tōkyō. La notizia provocò il suicidio di alcuni adolescenti, alla sua veglia funebre parteciparono circa diecimila persone e una ragazza si tagliò i polsi dopo avere portato i fiori al tempio. Ma l'eredità di Hide non andò perduta: molti gruppi, come i Dir En Grey, gli L'Arc~en~Ciel, The Gazette e i Luna Sea contribuirono a rendere il *J-Rock* e il *visual kei* un genere apprezzato anche fuori dall'arcipelago nipponico. E Miyavi (Takamasa Ishiara), partendo con il gruppo Dué le quarz, nel 1999 traghettò il *J-Rock* nel nuovo millennio.

Il primissimo trend del *visual kei* di band come X Japan, Dead End, Buck-Tick fu definito *Kurofuku kei* (stile dei vestiti neri) e fu adottato da molte band di inizio anni Novanta che, appunto, vestivano di nero. L'*angura kei* fu lo stile più conosciuto anche all'estero: ispirato sia al *visual kei* che all'*ero-guro*, era caratterizzato da abiti di ispirazione tradizionale (*kimono*, divise scolastiche e abbigliamento dell'era Shōwa) e rielaborazioni di costumi teatrali dell'underground sui toni del nero messi a contrasto con rosso, blu e rosa. Gli accessori prevedevano stivali di pelle, catene e fiori tra i capelli. Ma l'elemento più caratteristico era lo *shironuri*: il volto dipinto di bianco con trucco nero agli occhi e ciglia lunghissime, una pratica nata negli anni Sessanta, espressione della destra nazionalista. Il *casual visual kei* fu la versione meno appariscente di questo trend e replicabile nella quotidianità. L'estetica rock, inoltre, permise ai ragazzi gay di mostrarsi per le strade di Shibuya seguendo lo stile *femmi,* che si rifaceva alla moda dei club anni Settanta-Ottanta ed era caratterizzato da outfit appariscenti, attillati e accessori bondage. Una moda che aveva preso piede anche in Occidente grazie al rock elettronico e la new wave, come dimostrarono i gruppi dal look queer, glam con richiami feticisti come Depeche Mode e Placebo.

LOLITA

Alla fine degli anni Novanta, alcuni elementi estetici del *J-Rock*, della new wave, dell'*otome* anni Ottanta, e del punk si fusero in uno stile-spettro chiamato *rorīta fasshon* o *lolita* che ha caratterizzato la scena di Harajuku. Se il *lolicon* e il *lolita complex* erano delle produzioni a sfondo sessuale di nabokoviana memoria dedicate a un pubblico di uomini eterosessuali, il *lolita* era invece la rivendicazione dell'infanzia, un luogo sicuro dove la sessualizzazione veniva rimossa in virtù di uno stato di purezza, grazia e innocenza infantili, in netto contrasto con le aspettative sociali che volevano la donna adulta, consapevole e pronta a essere una madre di famiglia. I rimandi culturali erano il puritanesimo dell'era vittoriana (*Alice's Adventures in*

Wonderland di Luis Carroll) e i motivi ornamentali del rococò (Maria Antonietta e *Berusaiyu no Bara* – Lady Oscar).

Il successo mondiale del *lolita*, e di tutte le sue numerose sottocategorie, è dovuto principalmente a Mana,[37] rappresentante della scena *visual kei* di quel periodo.

Mana è stato il chitarrista cross-dresser dei Malice Mizer, band attiva dal 1992 al 2001, che affermava di ambire a essere l'*onnagata* definitivo. Gli *onnagata* erano attori maschi che interpretavano i ruoli femminili nel *kabuki* e, in effetti, in Giappone il travestitismo era tradizionalmente legato al teatro, quantomeno, prima che, alla fine degli anni Novanta, il termine *otokonoko* (ragazza maschio) venisse introdotto dal mondo *otaku* per indicare uomini con abiti femminili.

Anche in Europa, peraltro, il travestitismo anticamente riguardava l'arte teatrale: la parola *travesti* (camuffato in francese) indicava infatti il personaggio che in un'opera teatrale o nel melodramma veniva interpretato da un attore di sesso opposto.

I Malice Mizer produssero una sonorità e una estetica con forti influenze classiche romantiche francesi e aspetti gotici di stampo vittoriano. Durante i live, i componenti dalla band si presentavano secondo lo stile *tanbi kei*,[38] ovvero in abiti sontuosi estremamente elaborati e make-up opulenti. Capitava spesso che interpretassero pezzi di teatro muto: Mana, anzi, non parlava nemmeno durante le interviste e sullo schermo apparivano i sottotitoli in sovrimpressione, contribuendo a creare un'aura di mistero circa la sua vera identità sessuale. Gli abiti di scena dei Malice Mizer vennero successivamente replicati dai fan dando così un nuovo corso al cross-dressing che, nel mondo del *cosplay*, venne indicato con il termine *cross-play*.

---

37 I fan si riferiscono a Mana con Mana-Sama (Mana), ossia «onorevole Mana».

38 Stile adottato anche da altre band e cantanti come Versailles e Kaya.

Mana fu il principale modello della rivista di riferimento del settore, *Gothic Lolita & Bible*. Nel 1999 fondò la sua casa di moda Moi-même-Moitié, che produceva in primo luogo i suoi costumi di scena, suddivisi nelle categorie *gothic lolita* e *gothic aristocrat*. Il *goshikku rorita* o *gothic lolita* era caratterizzato da vestiti scuri (quasi sempre neri) e austeri in stile vittoriano (soprattutto quelli di Atelier Pierrot) con balze, ricami, crinoline, headpiece con nastri, gioielli religiosi e make-up realizzato con abbondante cipria bianca. Il *gothic aristocrat*, ispirato alla nobiltà e ai dandy ottocenteschi, comprendeva camicie e bluse, corsetti, cappelli a cilindro, cappotti dal taglio elaborato e make-up marcato per un risultato androgino. *Sweet lolita* indicava la sottocategoria più innocente e femminile ispirata al rococò, all'epoca vittoriana ed edoardiana, con colori pastello, un trucco tenue e temi relativi a dolci, frutta, cuccioli di animali, fasce, cuffie e *Alice nel paese delle meraviglie*. I marchi di riferimento erano Angelic Pretty, Baby, The Stars Shine Bright e Metamorphose Temps de Filles. La versione più matura e sofisticata del *lolita* fu il *classical lolita*, con abiti dal taglio adulto, l'assenza di pattern vistosi e un trucco naturale; i suoi marchi di riferimento erano Juliette et Justine, Innocent World, Victorian Maiden e Mary Magdalene.

A questi trend, che hanno rappresentato le principali categorie della macro-area del *lolita*, si sono poi aggiunti degli stili secondari che accentuavano di volta in volta temi quali punk, steampunk, cyber, horror, pirate, sailor, religione e military,[39] fino a tendenze controverse come l'*ero lolita*, che inseriva elementi vagamente erotici, o estremamente ridondanti come il *deco lolita* (conosciuto in Occidente come OTT): grandi parrucche colorate e motivi decorativi che ricoprivano il corpo dalla testa ai piedi.

Con il passare del tempo anche ragazze straniere appassionate di *lolita* contribuirono alla sfaccettatura di questo stile, come il *bittersweet lolita.* Il termine è stato coniato da Ilusako, utente occidentale che su LiveJournal nella community Elegant Gothic Lolita ha descritto così il suo stile personale: *gothic lolita* nero con stampe a tema fiori, dolcetti o fiocchi.

I brand del *lolita* erano tutti giapponesi, nati o convertiti alla fine degli anni Novanta per realizzare capi esclusivamente in questo stile. Alcuni marchi di riferimento, attivi dagli anni Settanta come Pink House e Milk, celebri negli anni Ottanta per lo stile *otome*, iniziarono a produrre abiti *lolita* e Pretty cambiò il nome in Angelic Pretty. Il *lolita* si distingueva per l'attenzione maniacale alla manifattura di abiti e accessori molto costosi e chi non poteva permetterseli imparava a cucirli a casa: la rivista *Otome no sewing* conteneva le linee guida per confezionare abiti con le proprie mani. Le altre riviste di riferimento erano *KERA* che dal 1998 si occupava di streetwear rock e punk di Harajuku, ma che includeva anche articoli sulla moda di strada di Berlino, Londra e New York, e *Le Panier* che prediligeva i servizi fotografici.

39 Approfondimento sulle varie sottocategorie del *lolita* sul blog: https://www.cookingwiththehamster.com/la-moda-giapponese-negli-anni90-parte-2

Il *lolita* nacque in totale autonomia e rappresentò l'ennesimo tentativo dei giovani giapponesi di prolungare lo stadio infantile nel timore di entrare nell'età degli adulti, quella della produttività. E più di qualsiasi altra estetica nipponica, rappresentò la celebrazione dell'infanzia, il periodo della vita dove tutto è incantato, possibile e libero dalle sovrastrutture della società. Nel *lolita* i giovani riuscirono a crearsi un'identità altra rispetto ai canonici ruoli di genere e alle relative aspettative sociali.

Questo trend non era solo un hobby coltivato nel weekend tra le strade di Harajuku, dove orde di ragazze si accalcavano per fotografarsi a vicenda e consumare dolci colorati di Santa Monica Crêpes, ma un modus vivendi, che fu celebrato in *Kamikaze Girls* (2004) di Nakashima Tetsuya, dall'omonimo romanzo di Takemoto Novala del 2002. La pellicola è ambientata a Shimotsura (nella prefettura di Ibaraki), dove Momoko è totalmente immersa nello stile di vita *lolita*: si circonda di oggetti *kawaii* e indossa abiti del suo marchio preferito Baby The Star Shine Bright (di cui compare il celebre *Elizabeth Dress* rosso con merletti bianchi). Nei fine settimana e durante le vacanze viaggia per due ore e mezzo per raggiungere Harajuku e fare shopping.

Momoko è il simbolo della cultura *lolita* e modello di tantissime ragazze in tutto il mondo.

Grazie a internet e all'e-commerce ragazze europee, statunitensi e australiane acquistarono abiti e accessori direttamente dal Giappone. La maggior parte di loro faceva parte di gruppi LiveJournal e forum online dove si scambiavano link, materiale fotografico, notizie e novità, oltre a commissionare a *cosplayer* abiti su misura. I vestiti *lolita* sono sempre stati cari, motivo per cui all'inizio degli anni Duemila sono comparsi siti di compravendita di abiti di seconda mano e negozi che proponevano repliche, fortemente disapprovate dalla community.

Nelle maggiori fiere del fumetto e nelle sale da tè vennero organizzati dei raduni, nel 2009 nel centro di Parigi aprì un negozio Angelic Pretty, meta ancora oggi di appassionate da tutta Europa. In Italia aprirono numerosi forum online (tra i più frequentati Gothic Lolita Zone e Dark & Gothic Lolita) e a Milano, in Via Lecco, il negozio Dark Strawberry diventò il punto di riferimento per appassionati di *lolita* e *visual kei*.

Sebbene il *lolita* sia uno stile considerato ormai morto, esistono ancora oggi moltissime appassionate in tutto il mondo, alcune delle quali hanno deciso di adottare uno stile più classico e nostalgico: l'*old school lolita* che rimanda ai codici originari del *traditional lolita,* meno barocchi, privi di stampe e fantasie, e che è rappresentato dai marchi Anna House, Antique BeasT, BTSSB e Milky Ange.

J-HORROR

Il gotico vittoriano, portatore di codici estetici e figure stilistiche ben radicate nell'immaginario collettivo, come vampiri, fantasmi, poltergeist,[40] lo spiritismo, e l'inferno cristiano, alla fine degli anni Novanta si suggellò con il folklore orrorifico nipponico. La tradizione mitologica nipponica horror ha tracce nell'epoca Edo e nella Meiji,[41] ed è incentrata su figure dello shintoismo e del buddismo, e su storie di fantasmi dette *kaidan*. La dimensione dell'arcano legato al territorio, tramandata oralmente, era costellata da *oni* (demoni), *yōkai* (cre-

40 Tradotto dal tedesco «spirito rumoroso», si tratta di un tipo di fantasma responsabile di furti o spostamento di oggetti. Questi spiriti sanno praticare la levitazione, possono causare rumori o problemi elettrici oltre a colpire fisicamente le persone.

41 Il giornalista Lafcadio Hearn raccolse leggende e storie di fantasmi nel *Kwaidan: Stories and Studies of Strange Things* (1904).

ature sovrannaturali con forma zoomorfa), *yūrei* (fantasmi), possessioni e spiriti vendicativi.

Gli *shōjo gotici*, caratterizzati da atmosfere lugubri e misteriose, avvenimenti sovrannaturali, personaggi decadenti sui quali infieriscono presagi di morte, uniscono l'horror vittoriano e quello autoctono. *Manga* come *Tenshi kinryōku* (*Angel Sanctuary* di Yuki Kaori, 1994-2000) e *Alichino* (di Shurei Kouyu, 1997-2001) ne hanno delineato l'estetica. Il soprannaturale[42] è stato inoltre impiegato nel mondo *otaku* per oltrepassare la differenziazione di genere: *X* (CLAMP, 1992) è considerato il primo *manga* ad avere battuto la suddivisione tra *shōnen* e *shōjo*, proponendo insieme temi che caratterizzano ciascun filone narrativo e stilistico.

Il cinema, alla fine degli anni Novanta era dominato principalmente dal sottogenere slasher, uno dei due filoni dell'horror contemporaneo. Nello slasher l'assassino è un maniaco psicopatico (quasi sempre un uomo con problemi di identificazione di genere causati dal rapporto morboso con la madre) che accoltella e mutila le vittime (giovani donne) prima di essere ucciso dall'ultima sopravvissuta. Alcuni esempi sono *Psycho* (di Alfred Hitchcock, 1960) e *The Texas Chainsaw Massacre* (*Non aprite quella porta* di Tobe Hooper, 1974). Il secondo filone, meno gettonato, è quello del paranormale, dell'occulto o della possessione in cui la magia è contrapposta alla scienza: una dimensione altra fa irruzione nel mondo che conosciamo attraverso un portale che può essere un oggetto o una persona (di solito una donna o un bambino). Alcuni esempi sono *Rosemary's Baby* (di Roman

---

42 Tema già presente in *Kimagure Orenji Rōdo* (*Orange Road – È quasi magia Johnny* di Matsumoto Izumi, 1984-1987) e reso ancora più celebre da *Boku no chikyū wo mamotte* (*Proteggi la mia terra* di Hiwatari Saki, 1987-1994) e *Ayashi no Seresu* (*Ayashi no Ceres* di Watase Yū, 1996-2000).

Polański, 1968), *Carrie* (di Brian De Palma, 1976), *The Exorcist* (*L'Esorcista* di William Friedkin, 1973) e *Videodrome* (di David Cronenberg, 1983).

Il nuovo horror asiatico di fine millennio, *J-horror*, si basò sul filone dell'occultismo, influenzando in breve tempo l'intera industria cinematografica occidentale, e di cui il cult fu *Ringu* (*Ring* di Nakata Hideo, 1998).

Il film è tratto dall'omonimo romanzo di Suzuki Kōji (1991), il quale a sua volta si sarebbe ispirato alla popolare storia folkloristica nipponica sul Castello di Himeji. Durante il XIV secolo, la giovane Okiku lavorava come serva del *samurai* Tessan Aoyama, che si era innamorato di lei al punto di prometterle di lasciare la moglie, ma la ragazza rifiutò la proposta. Uno dei compiti di Okiku era di badare a dieci piatti d'oro del *samurai*: un giorno egli ne nascose uno e disse alla ragazza che se non avesse accettato di stare con lui l'avrebbe incolpata del furto. In una versione della storia Okiku si suicidò buttandosi nel pozzo del castello, in un'altra fu invece Aoyama a gettarla nel pozzo dopo il suo rifiuto.

La figura di Yamamura Sadako (Samara, nel remake occidentale del 2002), la protagonista di *Ringu*, rispecchia la descrizione degli *yūrei*, i fantasmi giapponesi delle rappresentazioni *kabuki* e *nō*: un demone femminile vestito di bianco e con i capelli lunghi e neri,[43] dotato di una forza sovrumana (quella negata quando era in vita) e legata all'elemento dell'acqua (una metafora della «soglia» nella tradizione nipponica). Una figura ben radicata nell'immaginario collettivo nipponico anche grazie a personaggi iconici del mondo *otaku* come *Tomie* (di Itō Junji, 1987-2000), una creatura sovrannaturale dall'aspetto di un fantasma femminile giap-

43 Anche la protagonista del celebre manga *Tomie* (1987-2000, Junji Itō), presenta le stesse identiche caratteristiche.

ponese in grado di trasformarsi, resuscitare e manipolare le persone. Una delle sue peculiarità, comune a tutti gli *yūrei*, sono i lunghi capelli neri, che nella cultura ancestrale nipponica sarebbero portatori di sciagure: il film horror *Ekusute* (*Exte: Hair Extensions* di Sono Sion, 2002) si basa esattamente su questo tema.

Secondo le credenze tradizionali giapponesi gli umani hanno un *reikon* (l'equivalente dell'anima della religione cristiana). Quando una persona muore, il *reikon* va in una sorta di purgatorio in attesa dei riti funebri e post-funebri per raggiungere i propri antenati. Se i riti vengono eseguiti correttamente il *reikon* diventa protettore della famiglia vivente, la quale lo ringrazia durante i giorni dell'Obon.[44] Se invece la persona muore per omicidio o suicidio e non vengono eseguiti i riti appropriati, oppure se serbava emozioni forti come dolore, amore, odio e gelosia, allora il *reikon* diventa uno *yūrei*. Il fantasma resta sulla Terra fino a quando non viene sepolto con i rituali corretti o finché non vengono risolti i suoi conflitti emotivi.

Tutti questi elementi sono presenti nel film *Ringu* che ha ispirato altri film giapponesi di grande successo come *The Grudge* (di Shimizu Takashi, 2004) e *Kyua* (*Cure* di Kurosawa Kiyoshi, 1997), oltre al cult occidentale *The Blair Witch Project* (di Joe Berlinger, 1999), che, uscito a un solo anno di distanza da *Ringu*, è diventato il capostipite dei survival horror sull'occultismo girati in prima persona con un dispositivo elettronico.

Il *J-horror* fu innovativo rispetto all'horror americano perché lasciava il terrore nell'immaginario dello spettatore e instillava un sentimento di partecipazione emotiva al rancore

44 Festa buddista-confuciana evoluta oggigiorno nel ricongiungimento familiare: i parenti tornano nei luoghi della famiglia ancestrale per pulire insieme le tombe e onorare i propri antenati.

del personaggio maledetto. Orrore, femminilità, corruzione e paranormale convergevano perfettamente in pellicole ambientate nel mondo reale di tutti i giorni, dominato dal potere della tecnologia capace di avere la meglio soprattutto sulle menti più giovani. Quest'ultimo aspetto, protagonista del film *Kairo*[45] (*Pulse* di Kurosawa Kiyoshi, 2001), è stato studiato in relazione all'attacco terroristico della setta Aum del 1995: i responsabili della strage erano dei ragazzi giovani, esperti di tecnologia. Una tecnologia che, invece di essere dominata, finisce per manipolare le menti suscettibili, innescando un comportamento capace di atti catastrofici.

Durante gli anni Novanta si sviluppò anche il sottogenere horror degli zombie, che ebbe un discreto successo al cinema con *Battle Girl: The Living Dead in Tokyo Bay* (di Komizu Kazuo, 1991), ma che raggiunse la fama planetaria con i videogiochi, grazie a *The House of The Dead* (1996) e, soprattutto, *Resident Evil* (1996).

Resident Evil, uscito per Play Station, è il survival horror che ne ha definito il genere e ha portato il tema zombie nella cultura popolare di massa. Concepito inizialmente come remake del gioco horror *Sweet Home*[46] (1989), è ambientato in una casa nella periferia della fittizia città di Racoon City, nel Midwest. Le creature che vagano nella casa sono non-morti contagiati in vita da un agente mutogeno. *Resident Evil*, poco dopo il rilascio, divenne il videogioco per Play Station più venduto di sempre, oltre a ispirare altri videogiochi (come *Pa-*

45 Una pellicola profetica, fonte di innumerevoli imitazioni, metafora dell'alienazione tecnologica del nuovo millennio.

46 Questo videogioco proponeva il tema della «casa infestata», ben presente nell'immaginario collettivo nipponico grazie a film cult come *Hausu* (La casa, Ōbayashi Nobuhiko, 1977), in cui l'abitazione infestata diventa lo specchio degli orrori che le adolescenti vivono durante la crescita e nella scoperta della sessualità.

rasative Eve)[47] e film occidentali di inizio millennio come *28 Days Later* (*28 giorni dopo* di Danny Boyle, 2002) e *Dawn of the Dead* (*L'alba dei morti viventi* di Zack Snyder, 2004).

SOFT POWER

Gli anni Novanta terminarono lasciando insoluti problemi molto gravi. Nel 1997, con l'espansione della crisi finanziaria asiatica,[48] la mancata coerenza delle scelte politiche comportò un ulteriore aumento del costo della vita, un alto tasso di disoccupazione e il fallimento e liquidazione delle grandi banche giapponesi. Da un punto di vista demografico, l'instabilità economica provocò un ennesimo drastico calo delle nascite.

In un mondo in cui la globalizzazione stava diventando una realtà di fatto e i mercati si stavano aprendo all'online, il Giappone, in questa fase gravemente problematica, decise di puntare ancora una volta sulla carta della tecnologia. Come è noto, tantissimi erano i prodotti che il Sol Levante aveva saputo esportare ovunque, e che erano diventati veri e propri «feticci» di svago per gli occidentali: basti pensare al boom del *karaoke* e del *tamagotchi*. Dunque, per contrastare l'ennesima, profonda crisi, il Giappone optò per una massiccia esportazione di beni tecnologici, la cui produzione raggiunse uno dei picchi più alti di sempre. E due aziende in particolare si distinsero per l'eccellenza dei loro prodotti: Nintendo e Sony.

---

47 *Parasite Eve* ha rappresentato un iconico caso di gioco di ruolo (RPG) con taglio survival horror. La trama si basa sull'omonimo romanzo di Hidaki Sena (1995) relativo a esperimenti biologici.

48 Crisi che interessò alcuni paesi del sud-est asiatico tra il 1997 e il 1998 e causata da svalutazioni finanziarie con epicentro in Tailandia.

Nintendo nel 1996 propose un videogioco per Game Boy ideato da Tajiri Satoshi, un disegnatore che per sei anni aveva lavorato a un progetto chiamato *Pokémon*. In breve tempo *Pokémon* divenne una vera e propria mania grazie al fumetto a puntate su *KoKoro Komikku* (la rivista letta da almeno la metà dei ragazzini che frequentavano la scuola primaria in Giappone), le carte da gioco collezionabili e, nel 1997, la celeberrima serie tv. I *Pokémon* furono pubblicizzati ovunque, dalle confezioni di *karē raisu* e *furikake*[49] agli aerei della All Nippon Airways. Al quinto anno di operazioni commerciali avevano reso 8 miliardi di dollari su scala mondiale. Il film che uscì nel 1998 ebbe un successo quasi pari a quello di *Guerre Stellari*.

La Sony invece, nel 1993, trasformò il progetto di un lettore CD per il Super Nintendo in una console. L'anno seguente lanciò Play Station, che diede vita alla più grande rivoluzione delle console di tutti i tempi, sostenuta da spot pubblicitari dal forte impatto emozionale. L'audience coinvolta fu così ampia da cambiare la quotidianità di intere famiglie. Si stima che solamente tra il 1999 e il 2000 furono vendute circa 40 milioni di unità: furono realizzati videogiochi di altissima qualità e varietà, alcuni dei quali paragonabili a opere letterarie per i contenuti narrativi.

Anche se alcuni titoli celebri furono prodotti in Occidente, come *Tomb Raider* (Inghilterra), la cui fama è preceduta dalla leggendaria protagonista Lara Croft, e *Crash Bandicoot* (Stati Uniti), la maggior parte di essi fu creata in Giappone, dove case videoludiche di fama mondiale (come Square Soft, Konami e Capcom) realizzarono titoli frutto dell'unione di ispirazioni occidentali e giapponesi, considerati ancora oggi tra

49 Condimento giapponese da cospargere sul riso bianco a base di alghe e pesci essiccati, semi di sesamo tostati, zucchero e sale.

i migliori videogiochi di sempre. Così come accadeva per i contenuti di *anime* e *manga*, allo stesso modo i temi dei videogiochi erano tratti dalla cultura locale o straniera per creare intrecci narrativi che, uniti a una grafica stupefacente per i tempi, erano gli aspetti più affascinanti.

Detto questo, anche i videogiochi, al pari di film, musica, letteratura e moda, vennero aspramente contestati per gli eccessi di violenza e di nudo. Picchiaduro come *Dead or Alive* (1998) furono un apripista in questo senso, mostrando protagoniste seminude con seni rimbalzanti a ogni colpo sferrato. In *Tekken* (1995) il colore del sangue, inizialmente camuffato con pixel verdi e fuxia, dal secondo capitolo venne reso rosso, creando non poche polemiche. *Tekken* è considerato ancora oggi uno dei titoli di saghe più longeve e apprezzate al mondo, grazie soprattutto al successo del terzo capitolo.

In *Tekken* è stata data grande importanza a ogni personaggio con tecniche di combattimento personali, costumi particolari e scenari di combattimento dedicati. Alcuni protagonisti si ispiravano a personaggi della cultura nipponica e occidentale. Yoshimitsu, il cui nome richiama il *samurai* Minamoto no Yoshimitsu (1405-1127), è armato di *tachi* (tipo di spada giapponese usata in cavalleria dai *samurai*) e fa mosse particolari come l'*harakiri*. Kunimitsu ricorda il nome di Shintōgo Kunimitsu, leggendario fabbro che ha realizzato il *tantō*, un'arma simile a un pugnale impugnata in *Tekken* da una donna *ninja*[50] che indossa una maschera della volpe Inari.[51] King è ispirato al wrestler messicano Fray Tormenta (prete cattolico diventato lottatore mascherato per sostenere un orfanotrofio) e a Sayama Saoru (wrestler giapponese professionista cono-

50 I *ninja* erano spie o mercenari del Giappone feudale.

51 *Kami* (divinità giapponese) della fertilità, dell'agricoltura, del riso, dell'industria, del successo terreno e delle volpi.

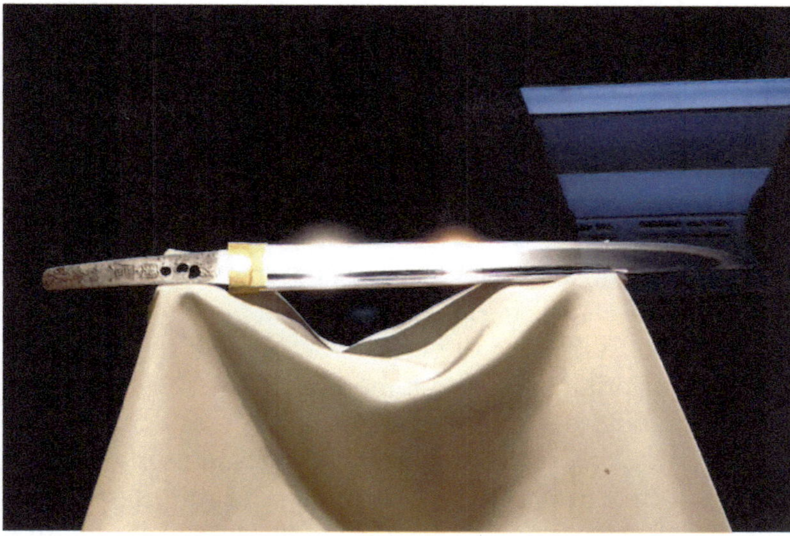

sciuto come Tiger Mask, al quale si sarebbe ispirata anche la serie di fine anni Sessanta *Taigā Masuku*, *L'uomo Tigre*). Sebbene King indossi una maschera da giaguaro, la somiglianza con Tiger Mask è lapalissiana. Il motociclista Paul Phoenix sarebbe ispirato a Jean Pierre Polnareff di *Jojo no kimyō na bōken* (*Le bizzarre avventure di JoJo* di Araki Hirohiko, 1987). Nina Williams sarebbe il tentativo da parte dei creatori di non realizzare un «personaggio bianco». Tipico della saga di *Final Fantasy*, il personaggio bianco nasce dalla volontà degli artisti giapponesi di realizzare donne bianche, con il risultato però di renderle giapponesi nei tratti del viso e nelle movenze. Uno dei capi di abbigliamento sbloccabili di Ling Xiaoyu, invece, è la divisa scolastica da *kogal*.

Temi ancora più vicini alla sfera occidentale furono quelli trattati da *Metal Gear Solid* (1998), lo stealth[52] diretto, pro-

52 Videogioco in cui il giocatore usa la furtività per evitare e/o superare gli avversari.

dotto e scritto da Kojima Hideo. La storia è ambientata in un presente dove la Guerra Fredda continua: Solid Snake, il protagonista, si infiltra in una base di armi nucleari per eliminare una minaccia terroristica e liberare degli ostaggi.

Metal Gear Solid è un prodotto articolato e complesso. Se da un punto di vista storico la fine della Guerra Fredda ha perpetuato il benessere in Occidente, in Giappone è invece coincisa con l'inizio della crisi. Gli ambienti rappresentati sono di tipo militare, freddi e popolati da personaggi studiati fisicamente sulla base di persone occidentali sebbene, per le loro peculiarità, appaiano fumettistici. Psycho Mantis, per esempio, è dotato di poteri paranormali come la psicocinesi e la telepatia, Sniper Wolf attacca gli avversari usando anche i suoi lupi. Insomma, in un mondo che ha tutte le caratteristiche del reale, i protagonisti sono sì adulti e carismatici, ma anche caricaturali. Uno dei personaggi più interessanti è senz'altro Otacon. Come ammise lo stesso Kojima, Otacon fu creato per riabilitare la figura dell'*otaku*, mettendolo in grado di combattere i terroristi con l'uso dell'intelletto al posto delle armi. Dopo anni di ostracismo da parte dei giapponesi nei confronti di giapponesi appassionati di *anime* e *manga*, per la prima volta un autore nipponico proponeva dell'*otaku* una visione totalmente diversa e molto più vicina alla percezione occidentale dell'«appassionato incallito».

Ma il titolo che più di tutti avvicinò il Giappone al resto del mondo fu *Final Fantasy VIII* che, metaforicamente parlando, ha rappresentato il Giappone di fine millennio.

La trama è incentrata su un gruppo di mercenari guidati da Squall, che combattono la strega Edea. La storia è permeata da temi forti, una narrazione coerente e che presenta tutti i temi cardine della storia del Giappone: la guerra, il militarismo, la distruzione del proprio paese, l'adolescenza, l'essere orfani, la morte, la scuola come istituzione e famiglia surrogata, i robot, i treni, il folklore, l'importanza dell'unità sociale, il senso di sfruttamento e il sacrificio massimo.

Come *Neon Genesis Evangelion*, anche *Final Fantasy VIII* conteneva tematiche filosofiche ed esistenziali. Tutti i capitoli della saga *Final Fantasy* mostravano questo mix affascinante, ma l'ottavo capitolo, pubblicato nel 1999, portò con sé tutto il peso della fine di un'epoca. Così come il giovane Squall armato di gunblade (oggetto ibrido tra spada, arma canonica dei *samurai*, e pistola, tipica occidentale) aveva il compito di salvare il mondo dalla compressione temporale, allo stesso modo il tema del tempo nel reale si profilava con il nome di Millennium bug[53] e appariva come una minaccia planetaria reale. Questo capitolo ha elevato l'intera serie al rango di mito e ancora oggi è considerato di culto. Abbandonata la rappresentazione super deformed[54] dei personaggi del capitolo precedente e attuando un'azione titanica di traduzione completa dell'opera,[55] *Final Fantasy VIII* è stato un riuscitissimo esperimento di avvicinamento con l'Occidente. I simboli, i modi dei personaggi, le ambientazioni, tutto ciò che è tipicamente nipponico è stato fuso con elementi squisitamente occidentali per restituire un prodotto in cui si avvicinano culture lontanissime e, per la prima volta, le si riesce a comprendere insieme.

Attraverso i videogiochi cambiarono gli stili di vita di giovani (e meno giovani) e cambiò anche l'importanza dei locali della casa. Il salotto che tradizionalmente ospitava il televisore fu

---

53 Difetto informatico che si manifestò al cambio di data dal 31 dicembre 1999 all'1 gennaio 2000.

54 Stile caricaturale del disegno.

55 Sebbene *Final Fantasy VII* sia considerato il capitolo commercialmente più riuscito della serie, in realtà il suo successo ne ha risentito in parte nei paesi non anglofoni, poiché in Occidente è stato tradotto solamente in inglese dal giapponese. *Final Fantasy VIII* è stato invece tradotto interamente in italiano.

declassato a stanza meno interessante delle abitazioni. Mentre l'acquisto di un secondo apparecchio, a cui collegare la Play Station, fece salire in graduatoria la camera dei ragazzi. Le ore di studio e di lavoro cominciarono a essere intervallate da intense sessioni di gioco che, in quel primo momento, favorivano l'aggregazione: anche se molti critici denunciarono l'isolamento patologico di sempre più persone a causa del gioco, in realtà moltissimi titoli si potevano giocare in coppia. All'epoca non esistevano le guide online ai videogiochi, e i giochi erano molto complicati e difficili da terminare: chi voleva un aiuto doveva confrontarsi con il proprio collega o compagno di banco, invitarlo a casa propria e completare le missioni di gioco insieme. Le riviste di settore chiedevano ai propri lettori di inviare fotografie (all'epoca su pellicola) della schermata finale del gioco in modo da pubblicarla e dare un premio simbolico; quasi sempre la vittoria in tempi record era realizzata grazie al lavoro di gruppo. Nemmeno il Game Boy fu percepito dai fruitori come una console isolante: nel caso dei *Pokémon* era possibile scambiare tra amici i piccoli mostri tramite un cavo, mentre dalla quarta generazione bastò avere una rete wireless.

In un mondo in cui le guerre non si combattevano più con i soldati, o quantomeno la costituzione lo impediva al Giappone, la conquista del mondo passava attraverso un nuovo tipo di attrazione. Il potere di un paese è la capacità di influenzare il comportamento degli altri per ottenere i risultati attesi a livello mondiale. Si esercita perché altri paesi ne ammirino i valori, emulino il suo esempio e aspirino al suo livello di prosperità. In questo senso, il tipo di potere che il Giappone esercitò fu il soft power,[56] una strategia usata dagli Stati

56 Potere convincitivo, in grado di attrarre attraverso risorse intangibili come idee e cultura.

Uniti dopo la seconda guerra mondiale. Gli States avevano difatti «colonizzato culturalmente» l'intero pianeta (ad eccezione degli stati comunisti) con il cinema, la musica e i propri simboli. Alla fine del millennio fu chiaro che il Sol Levante era deciso più che mai a riguadagnare terreno su scala mondiale facendo la stessa cosa. ■

COOL JAPAN

●

ERA HEISEI
(2000-2019)

Con l'entrata nel nuovo millennio il Giappone si presentò al mondo coeso, volenteroso di affermarsi nel nuovo panorama globalizzato e deciso a ribaltare la situazione economica interna.

La realtà mostrava però la forte casta dei conservatori con le redini del paese ancora ben salde in pugno: il primo ministro Mori Yoshirō (2000-2001) spianò infatti la strada a una politica di destra nazionalista e neoliberista, caratterizzata spesso da clientelismo. In politica estera, il primo ministro Koizumi Junichirō (2001-2005) incappò subito in un incidente diplomatico quando visitò lo Yasukuni Shrine, il tempio della guerra dove sono «custoditi» i principali criminali di guerra e i soldati immolati per il Giappone imperiale. L'ondata di indignazione internazionale che seguì spinse l'imperatore Akihito a rimarcare la sua vicinanza alla Corea del Sud, menzionando fra il resto la sua «parentela» con i coreani. Ma il fatto che la madre dell'imperatore Kanmu (735-806) fosse una discendente del re di Corea Muryeong di Baekje venne totalmente ignorato dai media nazionali.

L'immagine imperiale, nonostante l'impegno profuso per la propria legittimazione durante gli anni precedenti, andò offuscandosi.

I tentativi di rendere il Giappone un paese sempre più autonomo si tradussero in iniziative per cambiare l'assetto di leggi varate durante l'occupazione, soprattutto quelle sull'esercito. Nel 1992 l'emanazione della legge sulla cooperazione internazionale per la pace consentì al Giappone di inviare il proprio personale civile e forze di autodifesa per le operazioni di peacekeeping. Fra il 2001 e il 2003, gli Stati Uniti chiesero l'invio di contingenti giapponesi in Medio Oriente.

Le forze di autodifesa si rivelarono fondamentali nel 2011 quando si scatenò il *Tōhoku-chihō Taiheiyō Oki Jishin* («terremoto in alto mare della regione di Tōhoku e dell'oceano Pacifico»): un terremoto di magnitudo 9.1 mww, il più forte registrato in Giappone e il quarto più potente del mondo a partire dal 1900, che devastò le coste della regione di Tōhoku. La forza distruttiva fu amplificata da onde alte oltre 40 metri e nelle 72 ore successive allo tsunami vennero distrutti i generatori di emergenza che alimentavano i sistemi di raffreddamento di tre reattori della centrale nucleare di Fukushima Dai-ichi. Questo incidente nucleare è stato classificato come livello 7 della scala INES[1] insieme al disastro di Černobyl' del 1986, ovvero il più importante per gravità. I morti furono circa 15.700, un numero assai superiore a quello del terremoto di Kōbe del 1995. Tutto il mondo si mobilitò per aiutare i giapponesi che, a loro volta, reagirono dando prova di profondo orgoglio e coesione. Fra i provvedimenti per aiutare i parenti delle vittime a superare il lutto, venne istituito il *kaze no denwa* (telefono del vento) su progetto del designer di giardini Sasaki Itaru: si tratta di una cabina telefonica progettata per continuare ad avere un contatto affettivo con la persona che non c'è più. Sasaki Itaru l'aveva concepita per mantenere vivo il rapporto con un cugino morto di cancro, e in questo caso venne messo a disposizione dei sopravvissuti al terremoto. A oggi è stato

1 Parametro internazionale per mettere in scala di gravità gli eventi nucleari e radiologici.

visitato da oltre 30.000 persone ed è stato «raccontato» anche nel romanzo *Quel che affidiamo al vento* (2020) di Laura Imai Messina.

RINASCITA DI UNA NAZIONE?

Il governo di destra si operò per rinvigorire l'immagine nazionale del Giappone a partire dai simboli della patria. Per rinsaldare la memoria collettiva, il governo stabilì gli emblemi storici del proprio paese. Il *Kimi ga yo* (l'inno nazionale) e la bandiera *Nisshōki* (bandiera del Sole a forma di disco), erano già l'emblema del Giappone dalla fine dell'Ottocento, insieme al *Nippon no Kokushō* a forma di crisantemo,[2] ma lo diventarono formalmente solo con la legge del 1999.

La bandiera aveva una lunga tradizione che risaliva ai *daimyō* e ai *samurai*. Durante la Restaurazione Meiji, insieme alla bandiera militare del Sole Nascente, *Nisshōki* divenne il simbolo principale del nascente impero giapponese e della devozione verso l'imperatore e, per questa ragione, creò numerose controversie: per molti era sinonimo di aggressività ma per altri rappresentava un emblema duraturo di forza. Comunque sia, a scuola, durante le cerimonie, gli studenti erano tenuti a cantare l'inno nazionale in piedi davanti alla bandiera e gli insegnanti rischiavano la sospensione se non li obbligavano. Le espressioni «amore per la patria» e «tradizione» vennero incluse nella Basic Law on Education del 2006 voluta dalla destra conservatrice guidata da Abe Shinzō, che riorganizzò la *Kyōiku kihonhōm* del 1947, redatta dagli americani durante l'occupazione e che aveva fra le finalità quella di impedire rigurgiti nazionalisti. Che i tempi fossero ormai drasticamente cambiati, lo confermò definiti-

2 Utilizzato per la prima volta dall'imperatore Go-Toba (1180-1239).

vamente il *Dōtoku* (Corso di conoscenza morale), introdotto nelle scuole primarie e dal 2019 nelle scuole secondarie di primo grado per riaffermare i valori spirituali e nazionali del Giappone del terzo millennio.

SUCCEDE TUTTO SU INTERNET

A parte questi interventi normativi, il sistema scolastico, nonostante avesse dimostrato tutta la sua inadeguatezza a tutelare il benessere degli studenti, non fu riformato. La selezione per accedere agli istituti di istruzione più prestigiosi, da cui usciva la classe dirigente, continuava a essere basata su criteri puramente mnemonici che escludevano creatività e spirito critico. E la politica non seppe intervenire per arginare i crescenti fenomeni di bullismo e di emarginazione.

Fu il mondo dell'arte, invece, che si assunse il compito di denunciare questi problemi, ritraendo il disagio sociale di un'intera generazione. Ne sono eloquente testimonianza il romanzo *Jisatsu no kuni* di Yū Miri (*Il paese dei suicidi*, 2012) e il film *QBijitā Kyū* di Miike Takashi (*Visitor Q*, 2001), di pasoliniana memoria.

Il regista Sono Sion mise in scena una società opprimente che portava i giovani alla follia per disperazione e alla morte. *Ai no mukidashi* (*Love Exposure*, 2008) è un film ispirato a un fatto autobiografico[3] e che tratta numerosi temi molto sentiti dai giovani: l'amore, la famiglia, le sette religiose e la fotografia upskirt, la pratica voyeristica di fotografare di nascosto con il cellulare sotto la gonna delle ragazze.[4] In *Tag* (2015) il sa-

3 A diciassette anni Sono Sion scappò di casa e si unì a una setta.

4 L'upskirt si diffuse al punto che, da allora, i cellulari dotati di fotocamera devono emettere un suono quando questa viene attivata, anche se il telefono è in modalità silenziosa.

dismo maschilista della società nipponica brutalizza ragazze liceali. In *Jisatsu Sākuru* (*Suicide Club*, 2002) decine di liceali si suicidano in gruppo buttandosi sui binari della metropolitana di Shinjuku o dal tetto della scuola, istigati da siti online convogliati da un gruppo di giovanissime *aidoru*.

Il tema del sito online che diffonde l'idea del suicidio di massa è sicuramente ispirato dai siti BBS (Bulletin Board System) che in quegli anni ebbero un enorme impatto generazionale. In pratica si trattava di una bacheca web che ospitava diversi argomenti (detti «thread») pubblicati in ordine cronologico. Un thread veniva attivato attraverso la pubblicazione di un'immagine con un commento da parte di un utente, che non doveva registrarsi e che poteva scrivere in maniera anonima senza il consenso di follower e senza ricevere messaggi privati. La forza di questi siti stava nella possibilità di esprimersi liberamente su qualsiasi argomento dato che la censura era praticamente inesistente. Nei BBS si parlava di moda e cultura *otaku*, ma anche, soprattutto nei sottocanali NSFW (*not safe work*), di droga, pornografia, violenza e politicamente scorretto. Questi siti furono i pionieri dei moderni social network, ma all'epoca hanno fomentato fenomeni come il cyberbullismo e il revenge porn che hanno normalizzato il razzismo, e hanno consentito la diffusione indebita di informazioni private.

2channel è il forum anonimo più grande del mondo. Fondato nel 1999 da Nishimura Hiroyuki, è stato paragonato alla televisione per influenza mediatica. Nel 2000 un diciassettenne dirottò un bus nella prefettura di Fukuoka, accoltellò a morte un passeggero e ne ferì altri due prima di essere fermato e arrestato dalla polizia: poche ore prima aveva annunciato il suo intento sul forum. Successivamente, alcune persone tentarono di emularlo. 2channel rischiò la chiusura, e nel 2001 molti utenti migrarono su Futaba (o 2chan), un sito in pieno stile BBS.

La controparte non ufficiale di Futaba in lingua inglese è 4chan, sito web anonimo di imageboard[5] fondato nel 2003 da Christopher Pool all'età di quindici anni. Nel 2015 Nishimura Hiroyuki divenne il proprietario di Futuba, che viene ormai considerato un polo della sottocultura internet e della divulgazione dei meme,[6] e che ha rischiato più volte la chiusura a causa della diffusione di materiale *lolicon*.

La produzione *otaku* in Giappone è molto più estesa rispetto a quanto viene importato e tradotto in Occidente: i siti BBS sono stati usati dagli appassionati occidentali per diffondere gratis o tramite abbonamento (molto spesso infrangendo le norme sul copyright) *manga* e *dorama* tradotti in maniera amatoriale, creando una rete *dōjin* (persone con lo stesso interesse). Uno dei fatti più controversi legati a questa pratica è stata la circolazione di materiale di stampo pedo-pornografico. Nel 2006 Christopher Handley, un collezionista di *manga* dell'Iowa, è stato incarcerato per sei mesi con l'accusa di essere in possesso di *manga* in cui sono rappresentati minori che compiono atti sessuali. L'arresto si basava su un presupposto, dal momento che non venne mai dimostrato che egli possedesse del materiale pedo-pornografico con bambini veri.

Il Giappone fu spesso accusato, soprattutto dai media statunitensi, di essere l'impero della pornografia infantile. La CNN, per esempio, prese di mira il *manga Dōruzu fōru* (*Dolls Fall* di Kedouin Makoto e Sanshoku Amido, 2013-2015) di cui denunciò il contenuto offensivo in un servizio fatto addi-

---

5 Sito basato sulla pubblicazione di immagini da parte dei propri utenti.

6 Elemento culturale che si propaga per imitazione da un individuo all'altro attraverso relazioni interpersonali o con i mezzi di comunicazione di massa.

rittura da una giornalista «sotto copertura». E benché il Comic Book Legal Defence Fund avesse poi accusato la CNN di diffondere idee errate, nel 2014 il governo giapponese, non potendo più evitare la questione, criminalizzò il possesso di immagini pedo-pornografiche reali, ma non le opere di fantasia come *anime*, *manga* e computer grafica.

Anche la televisione italiana si occupò di questa questione: il 31 marzo 2016 il programma Le Iene mandò in onda un servizio di Nadia Toffa. La giornalista, con il fine di trovare lo scoop, mescolò deliberatamente aspetti della società, anche molto diversi tra loro, alimentando i pregiudizi sul popolo giapponese.

Al di là di un sottobosco borderline, i siti BBS hanno anche permesso ad artisti giapponesi o ispirati dal Giappone, recenti e non, di essere apprezzati in tutto il mondo: autori ignorati fino a poco tempo prima e che hanno costellato l'universo underground, dando un'immagine del Giappone complessa e controversa.

Il primo nome che cito per importanza è Terayama Shūji, esponente del teatro *Angura* (underground). Tenjō Sajiki è stato il suo teatro sperimentale ricco di influenze folkloristiche, *ero-guro* e di provocazione sociale, al quale ha collaborato Aquirax Uno, l'illustratore grafico autore di opere fantastiche erotiche e grottesche dai colori vivaci. Attraverso la sperimentazione, Terayama ha portato i suoi spettacoli nelle strade annullando la distanza fisica tra attori e pubblico ed è ricordato principalmente come il regista di *Tomato Kechappu Kōtei* (*Emperor Tomato Ketchup*, 1970), vietato in molti paesi per le scene erotiche con minori, *Sho o Suteyo Machi e Deyō* (*Throw Away Your Books, Rally In The Streets*, 1971), metafora della discesa del Giappone nel materialismo, *Den-en ni shisu* (*Pastoral: To Die In The Country*, 1974), apice del suo percorso autobiografico e visionario, *Kusa meikyū* (*Grass Labyrinth*, 1979), un viaggio surreale nel subconscio di un uomo.

Nelle arti figurative, uno dei rappresentanti più significativi è stato ed è Kago Shintarō. Le sue opere trattano argomenti grotteschi come fornifilia,[7] scatologia,[8] sesso estremo, modificazione del corpo e, soprattutto, politica, come testimonia *Kagayake! Dai tōa kyōeiken* (*Shine!*, 1999), feroce parodia della propaganda e del militarismo pre-bellico. Il suo stile è stato definito dalla critica occidentale «fashionable paranoia» e presenta una capacità senza eguali di ridefinire ciò che è bizzarro attraverso continue provocazioni meta-narrative: Kago è un maestro nel mettere il lettore davanti alla mancanza di senso della realtà imbarazzante, per lui non esistono valori morali nell'uso eccessivo di body horror, splatter stomachevole e violenza psicologica.

Yamamoto Takato è stato, ed è, un autore estremamente raffinato. «Heisei Esteticism» è il termine coniato per descrivere i suoi lavori, un'etichetta che comprende oscurità, metamorfosi, vita, morte, decadenza all'interno della stessa opera, in cui figure umane dai tratti delicati e uno sguardo rassegnato sono immerse in un ambiente tetro, spesso abitato da figure mostruose. Le sue fonti di ispirazione sono l'*ukiyo-e* (alcune delle sue opere hanno il sigillo al posto della firma, come si usava nel periodo Edo), le *muzan-e*[9] (impronte insanguinate), l'Art Nouveau e la letteratura di Edgar Allan Poe, Charles Baudelaire e Bram Stoker.

Tra gli artisti occidentali legati al Giappone e controversi non posso non citare il britannico Trevor Brown, residente in Giap-

---

7 Tendenza del bondage in cui una persona è bloccata in una posizione che ricorda un mobile.

8 Trattazione che ha per tema le deiezioni.

9 Stampe xilografiche giapponesi di natura violenta del tardo periodo Edo e Meiji.

pone dal 1994. Durante la sua carriera Brown ha esplorato la parafilia attraverso il *lolicon*, l'*ero-guro*, il BDSM, l'innocenza, la violenza, la misoginia e la cultura popolare nipponica. Egli ebbe così grande successo da essere pubblicato sulla copertina di *Gothic & Lolita Bible*. Il suo lavoro è stato ispirato dal fotografo e scrittore Romain Slocombe e dalla sua concezione del feticismo medico. Nel provocatorio *City of Broken Dolls* (2015), Slocombe ha ritratto donne giapponesi dall'aspetto minuto e fragile con protesi ortopediche, stampelle, sedie a rotelle, gessi, ferite e bende in un ambiente ospedaliero.

Tra gli autori più controversi e maggiormente citati nel panorama online dei siti BBS e LiveJournal spiccava Maruo Suehiro e, in modo particolare, l'opera *Midori* (1984).

Midori è una giovane orfana che vende camelie per strada per guadagnarsi da vivere. Un giorno viene raccolta da un gruppo di fenomeni da baraccone di un circo itinerante, e subisce terribili violenze fisiche e psicologiche: per fare fronte a tutto ciò, la ragazza si rifugia in un mondo di fantasie allucinate.

Midori può essere considerato come il manifesto della poetica di Maruo, così come la sua opera graficamente più significativa e affascinante. Le sofisticate tavole cariche di realismo vintage, simboli, personaggi disumanizzati la cui brutalità ha la meglio sui più deboli hanno affascinato giovani di tutto il mondo.

I protagonisti di Maruo non erano del tutto estranei alla caratterizzazione dei personaggi maledetti di De Sade, il decadentismo dei primi anni Shōwa veniva applicato a un sentimento via via dilagante: la consapevolezza che il benessere dell'inizio degli anni Duemila stesse per finire da un momento all'altro. Il fatto che un pubblico così giovane si interessasse di argomenti tanto nichilisti era il sintomo che in qualche modo quella realtà non era così diversa da quella che molte persone sentivano in arrivo: dopo la caduta delle Torri Gemelle e la crisi finanziaria del 2008, in effetti, il mondo occidentale non è più stato quello di prima.

ORIENTE E OCCIDENTE NEL CINEMA SPLATTER E NELL'ESOTISMO

Se il mondo online underground portò in primo piano artisti controversi creando una rete di appassionati accomunati dallo scambio di informazioni sull'arte, il mainstream fu invece lo spazio in cui è stato compiuto il salto dal *J-horror* allo splatter estremo, creando un ulteriore anello di congiunzione significativo con il cinema occidentale. In realtà, il primo vero trionfo in questo senso si ebbe grazie al videogioco *Silent Hill*.[10] In particolare, il secondo capitolo (2001) trascese la nozione di videogioco sondando il subconscio (di cui i mostri sono una metafora vivida e palpabile) con un effetto catartico junghiano, contraddicendo la percezione che il giocatore ha del mondo e di se stesso. L'horror rappresentato è un equilibrio perfetto tra «impero della mente» alla David Lynch e crudele violenza con scorrimento di sangue.

10 Approfondimento sul blog: «Silent Hill 2: analisi psicologica», https://www.cookingwiththehamster.com/silent-hill-2

Alla fine degli anni Novanta, l'horror giapponese basato sull'occulto aveva depotenziato il filone slasher tipicamente statunitense, imponendo un modo di fare cinema dell'orrore più intellettuale e psicologicamente coinvolgente. Dagli anni Duemila lo splatter fu usato in molte pellicole. Questo sottogenere, che tende a spettacolarizzare le scene di morte violenta e mutilazione, era in realtà già ampiamente usato nei film *samurai*. *Wild Zero* di Takeuchi Tetsuro (2000) e *Tōkyō zankoku keisatsu* di Nishimura Yoshihiro (*Tokyo Gore Police*, 2008) sono alcuni tra i film cult nipponici ad avere appassionato persone in tutto il mondo. Questo genere portò inoltre alla ribalta internazionale una serie di registi e film giapponesi come Iguchi Noboru con *Kataude mashin gāru* (*The Machine Girl*, 2008), *RoboGeisha* (2009) e *Dead Sushi* (2012); Kitano Takeshi con i suoi risvolti umani più drammatici con *Hana-bi* (*Fiori di fuoco*, con cui vinse il Lone d'oro a Venezia nel 1997), Tsukamoto Shiniya con *Tetsuo* (1989) e *Tokyo Fist* (1995), Shirashi Kōji con *Grotesque* (2008).

Tra tutti, però, il più significativo è stato Miike Takashi, autore dalla produzione sterminata che spazia dai film drammatici a quelli più bizzarri in cui si mischiano violenza, perversioni sessuali, *yakuza, gaijin*[11] e black humor. Ōdishon (*Audition*, 1999), tratto dall'omonimo romanzo di Murakami Ryū (1997), è incentrato sui pensieri sadici degli uomini sulle donne e il loro maltrattamento. Il fascino sottile di questo film risiede nel fatto che lo spettatore è portato a simpatizzare per la protagonista, identificandosi con lei. Qui la violenza non è rappresentata in puro stile *torture splatter*[12]

11 Persona esterna (al Giappone). Termine utilizzato dai giapponesi per indicare gli stranieri. Ha una connotazione razzista rispetto al termine più neutro *gaikokujin*.

12 Sottogenere dei film horror che si concentra, attraverso particolari effetti speciali, su nudità, umiliazione e sadismo.

per il gusto del macabro fine a se stesso, ma parte dai desideri e dalle ambizioni ossessive dei personaggi. *Koroshiya Ichi* (*Ichi The Killer*, 2001) è sicuramente il suo film più emblematico: il protagonista è un uomo mentalmente instabile che aggredisce ed uccide i membri *yakuza* della fazione rivale. Lo spargimento di sangue fin troppo esagerato annulla qualsiasi posizione morale o critica del regista rispetto alla sua opera ma, anzi, lascia questo compito allo spettatore. Come in tutti i film di Miike la violenza serve per affermare il proprio io nel mondo.

Il cinema occidentale di inizio millennio si ispirò largamente a quello nipponico partendo proprio dal genere splatter, realizzando opere particolarmente cruente come *Hostel* di Eli Roth (2005) o vere e proprie pietre miliari come *Kill Bill* di Quentin Tarantino (2003). *Kill Bill* è concepito come omaggio al cinema *grindhouse*,[13] arti marziali (il consulente di Tarantino è stato Yuen Woo-Ping, lo stesso di *Matrix*, 1999), *samurai*, *blaxploitation*[14] e *anime* (le animazioni sono state dirette da Nakazawa Kazuto, animatore di *Animatrix*, 2003 e prodotte da Production IG, la stessa casa di *Ghost in the Shell* di Oshii Mamoru, 1995). Come tutte le opere di Tarantino, anche questa è densa dei riferimenti più disparati. Su tutti, però, troneggia il rimando a *Shurayuki-hime* (*Lady Snowblood* di Koike Kazuo e Kamimura Kazuo, 1972-1973) e al film diretto da Fujita Toshiya (1973) in cui Yuki è nata in prigione da una madre dominata da un sentimento di vendetta, che la bambina erediterà diventando l'assassina più feroce del Giappone.

---

13 Termine per indicare nell'America degli anni Settanta il cinema dei «doppi spettacoli» e delle pellicole a basso costo.

14 Film americani degli anni Settanta a basso costo con attori principalmente afroamericani.

Il passato del personaggio di Yuki (il cui nome tradotto è «bambina degli inferi») è parallelo a quello di O-Ren Ishii: in *Lady Snowblood* viene rappresentato con dei disegni, in *Kill Bill* con un *anime*. Yuki, esattamente come la Sposa, affronta un durissimo allenamento prima di iniziare la sua strage vendicativa. Altre ricorrenze di stile che accomunano i due film sono la scelta del tema musicale Shura no Hana, che in *Kill Bill* è tradotto come *Flowers of Carnage* e cantato da Kaji Meiko, lo scontro durante la nevicata, le inquadrature mentre i cattivi osservano la vittima a terra e la divisione del film in capitoli.

Lady Snowblood è senz'altro più conosciuto rispetto al *manga* da cui trae origine, ma quest'ultimo è particolarmente interessante perché è un'evoluzione del *gekika* (immagini drammatiche), un genere di fumetto sviluppatosi tra gli anni Cinquanta e Sessanta da autori ai margini dell'industria editoriale. Una corrente underground che si opponeva al significato intrinseco di *manga* (immagini divertenti), come a volere rivendicare una dignità artistica e la capacità di narrare storie mature, noir, drammatiche e di non solo intrattenimento. Il *gegika* nacque grazie a Koike Kazuo, fondatore della celebre scuola di fumetti Gekika Sonjuku. L'innovazione di *Lady Snowblood* sta nell'essere un *jidaigeki* (dramma di ambientazione storica) con una *kunoichi* (donna combattente, spesso rappresentata come *ninja)* e *dokufu* (archetipo di donna seduttrice, malvagia e vendicativa) come protagonista.

Ma le influenze nipponiche su *Kill Bill* sono anche nei dettagli: il *kurotomesode*, il kimono nero riservato alle donne sposate da indossare in occasioni formali che O-Ren Ishii veste in presenza dei boss *yakuza*; il nome Gogo Yubari che deriva dall'*anime Mach Go! Go! Go!* (di Yoshida Tatsuo, 1967-1968) e dalla città Yubari in Hokkaidō; l'arma di Gogo, che è un *kusarifundō* utilizzato durante il periodo feudale. Numerosi attori sono stati «presi» da *Ichi The Killer* e il nome Hattori

Hanzo è ispirato a quello del *samurai* del periodo Sengoku (1467-1603) che salvò la vita a Tokugawa Ieyasu.

In un'intervista, Tarantino ha dichiarato che il nome deriverebbe dal film *Kage no Gundan: Hattori Hanzo* (di Kudō Eichii, 1980) in cui compare lo stesso attore Sonny Chiba. Il *sushi bar* di Hanzo di Okinawa è stato costruito nei Beijing Film Studios in Cina, la Casa delle foglie blu è ispirata al locale Gonpachi a Minato.

Altre pellicole meno cruente ma ugualmente ambientate in Giappone costellarono un nuovo corso cinematografico di stampo orientalista come *Wasabi* (di Gérard Krawczyk, 2001), un divertente film poliziesco in stile *yakuza* che ha reso celebre la famosa pasta piccante di rafano tanto amata dall'agente Hubert Fiorentini (Jean Reno).

The Fast And The Furious: Tokyo Drift (di Justin Lin, 2006) tratta invece il tema del mondo sotterraneo del drifting, la disciplina automobilistica basata sull'abilità nel controllare il veicolo in perdita di aderenza dell'asse posteriore rispettando determinate regole. Il drifting moderno ha avuto origine proprio in Giappone come tecnica di guida negli anni Settanta del pilota Keiichi Tsuchiya.

Enter The Void (di Gaspar Noè, 2009), crudo e psichedelico, tratta invece il tema dell'essere *gaijin* in Giappone, l'uso di droghe e la prostituzione.

Memorie di una geisha (di Rob Marshall, 2005) è stato considerato in Occidente un meraviglioso ritratto del Giappone pre-bellico. Basato sull'omonimo romanzo di Arthur Golden (1997), narra la storia di Sakamoto Chiyo venduta dalla famiglia indigente a una *okiya*. Questo film rese estremamente popolare la figura della *geisha* in Occidente, scatenando una vera mania per i tatuaggi che la ritraevano tra i fiori di ciliegio. Allo stesso tempo, però, sollevò parecchie controversie. Nella Cina continentale il film fu censurato e

bandito poiché l'attrice scelta come protagonista era cinese e non giapponese. Dopo la pubblicazione del romanzo, invece, Golden fu citato in giudizio per violazione del contratto e per diffamazione da Iwasaki Mineko, la più famosa *geisha* dei suoi tempi, ormai in pensione, che l'autore aveva intervistato per documentarsi. Golden aveva infatti assicurato Iwasaki di proteggere il suo anonimato (il tradizionale codice di silenzio delle *geisha* impone la massima discrezione verso i clienti), ma poi la citò nei ringraziamenti. Di conseguenza, lei venne aspramente criticata in patria, ricevendo persino minacce di morte. La questione fu poi risolta con un sostanzioso risarcimento in denaro. Iwasaki nel 2002 pubblicò poi *Geisha. A life* (*Storia proibita di una geisha*), un romanzo assai diverso da quello di Golden, che fra l'altro parla ben più della figura dell'*oiran*, tema affrontato anche da Ninagawa Mika nel film *Sakuran* (2006).

Ma il film che più di tutti ha ritratto il Giappone in maniera iconica e malinconica è stato *Lost in Translation* (di Sofia Coppola, 2003). Bob Harrys (Bill Murray) è una star del cinema in crisi di mezza età, Charlotte (Scarlett Johansson) è una neo-laureata in cerca della propria strada: si incontrano al Park Hyatt di Tōkyō e tra i due nasce un rapporto profondo basato sulla disconnessione con la lingua e la cultura giapponese, l'insonnia da jet-lag, la crisi di identità e del matrimonio. La pellicola è falsamente romantica, i protagonisti vivono un sentimento platonico che sembra rimanere tale perché in assenza del bacio canonico. *Lost in Translation* trasuda estraniamento: dalla prima inquadratura del sedere della protagonista in slip trasparenti (ispirata alle opere di John Kacere) che spinge lo spettatore a domandarsi fin dove la Coppola si spingerà attraverso il rapporto dei suoi protagonisti, fino ai luoghi di passaggio come il New York Bar dell'albergo o l'incrocio di Shibuya.

Oggi considerato un capolavoro iconico, quando uscì al cinema il film suscitò parecchie critiche per la banalizzazione dei giapponesi, resi ossequiose macchiette. La Coppola restò molto sorpresa da queste accuse, sostenendo di non avere voluto offendere nessuno.

Hachiko – Il tuo migliore amico (Lasse Hallström, 2009) è uno dei molti film occidentali che ha avuto la capacità, a mio avviso, di rovinare una storia vera giapponese. *Hachikō Monogatari* di Kōyama Seijirō (1987), invece, è la stupenda trasposizione della storia del cane giapponese più famoso del mondo, e che purtroppo è rimasta semisconosciuta.

Penso che tutti abbiano sentito almeno una volta nella vita la storia di Hachiko, il cane di razza Akita simbolo di fedeltà e affetto verso il suo padrone, il professore universitario Ueno Hidesaburō. Hachiko era solito accompagnare il suo padrone alla stazione di Shibuya, aspettandolo tutti i giorni alla stessa ora per tornare a casa insieme. Quando il professore morì improvvisamente, il cane continuò ad attenderlo per quasi dieci anni, raccogliendo le simpatie e le attenzioni di coloro che lo vedevano tutti i giorni. Nel 1934 gli fu dedicata una statua in bronzo e, quando morì l'anno successivo, la notizia venne riportata sulle prime pagine dei quotidiani. Durante la seconda guerra mondiale la statua venne smantellata per utilizzarne il metallo, ma fu ricostruita nel 1948 dal figlio dello scultore. L'8 marzo di ogni anno in occasione dell'anniversario della morte di Hachiko, viene organizzata una cerimonia in suo onore.

Io ho scoperto dell'esistenza di Hachiko grazie a un documentario sul Giappone di fine anni Novanta in cui si parlava della moda *gyaru*. Dal momento che in Giappone le strade non hanno un nome, le persone si danno appuntamento davanti a un negozio, a un tempio o, nel caso di Shibuya, alla statua di Hachiko. Molte *gyaru* si incontravano proprio lì prima di andare a fare shopping al 109 o a mangiare nei fast food. Nei miei sogni, volevo essere una ragazza alla moda di Tōkyō per incontrarmi lì con le amiche e magari scattare una foto con una macchina digitale. Erano desideri semplici e ingenui di chi vedeva da lontanissimo quel mondo colorato, futuristico e incredibile. Quando poi ho finalmente avuto la possibilità di visitare il Giappone, a Tōkyō ho scelto l'hotel vicino all'uscita della stazione di Shibuya che porta il nome di Hachiko, per poterlo salutare tutti i giorni prima e dopo le escursioni in città.

COOL JAPAN

Luogo remotissimo e inaccessibile ai più a causa della lingua e dei costi proibitivi, per lungo tempo il Giappone era stato considerato dall'Occidente un territorio esotico, controverso ed enigmatico. Un paese di cui si sapeva che tutto costava moltissimo, con il debito pubblico più alto del mondo, dove la morte e la violenza permeavano la società a tutti i livelli, i disastri naturali distruggevano vite e città e, soprattutto, dove gli stranieri non erano benvenuti. Nonostante ciò, esistevano numerosi estimatori, cultori dell'underground e del mondo *otaku*, che desideravano visitare il Giappone magari per compiere i *seichi junrei*, i «pellegrinaggi» alle località del mondo reale che compaiono in *manga* e *anime*. Non è un caso che la parola «pellegrinaggio» sia stata usata per questo tipo di turismo: l'universo *otaku* aveva da sempre enfatizzato lo *shintō*, la religione ancestrale autoctona giapponese, e i templi, luoghi di guarigione e purificazione, da sempre facevano da sfondo in *anime* e *manga*.[15]

In sostanza, all'inizio degli anni Duemila il Giappone era di fatto diventato un magnete sempre più forte per moltissime persone, ed era pronto ad aprirsi al turismo di massa, anzi a diventare una delle principali potenze turistiche a livello globale. In altre parole, i giapponesi compresero che, se avessero reso affascinanti e accessibili proprio gli aspetti più inavvicinabili della loro storia, ne avrebbero giovato in primo luogo la loro economia e il loro benessere. Le crisi economiche avevano piegato l'intero sistema e fu chiaro che bisognava trovare una soluzione nuova, che in qualche modo esaltasse i valori nazionali epurati però dagli aspetti guerreschi della tradizione. Il governo promosse campagne pubblicitarie

---

15 Il mondo *otaku* presenta innumerevoli esempi in questo senso, come *Sailor Moon* e *Inuyasha*.

ad hoc, mentre, parallelamente, con il potenziamento degli aeroporti internazionali si sfruttavano gli spostamenti a basso costo del nuovo mondo globalizzato.

Nel 2002 su *Foreign Policy* uscì l'articolo «Japan's Gross National Cool» di Douglas McGray che elencava una serie di riferimenti nipponici tratti dalla moda, dall'architettura, dall'animazione, dalla musica pop, che rappresentavano i nuovi motori dell'immagine internazionale del Giappone. Si trattava di prodotti «cool», erano commerciali, tangibili, flessibili e adattabili all'estero. L'autore, inoltre, sottolineava il nuovo corso del Giappone dopo il Decennio perduto domandandosi come i giapponesi stessi avrebbero reagito dopo che anni di recessione li avevano resi freddi e chiusi.

La brandizzazione del Giappone partì dalla consapevolezza del governo che l'esportazione di determinati prodotti avrebbe migliorato la percezione del paese all'estero: in fondo la serie storica *Oshin* che negli anni Ottanta era stata distribuita gratuitamente oltre i confini nazionali aveva avuto successo in ben sessanta nazioni.

Nel 2005 il Ministero degli Affari Esteri collegò il concetto di Cool Japan a quello di Felicità Interna Lorda[16] e, successivamente, alcuni funzionari governativi lo resero uno slogan. Quando poi la NHK (il servizio pubblico radiotelevisivo giapponese) lanciò la serie *Cool Japan Hakkutsu: Kakkoii Nippon!* che superò i cento episodi, il governo non ebbe più dubbi sulla potenzialità dell'industria culturale. Nel 2010 il Ministero dell'Economia, del commercio e dell'industria istituì l'Ufficio per la promozione delle industrie culturali e creative come settore strategico del progetto a lungo termine del Cool Japan, annunciando la necessità di marchiare con l'autenticità nipponica i propri prodotti pop.

16 Un tentativo di definire uno standard di vita sulla falsariga del PIL.

Alla JNTO (Japan National Tourism Organization), fondata nel 1964 dal governo giapponese come istituzione amministrativa indipendente, fu dato l'obiettivo di fornire informazioni per promuovere i viaggi verso e nel paese, e sotto la sua direzione nel 2008 venne istituita la JTA (Japan Tourism Agency) per creare una mentalità, una cultura organizzata finalizzata al turismo.

Nel 2003 il governo invitò il Ministero dell'Economia a lanciare Visit Japan per incoraggiare i turisti stranieri a visitare il Giappone. La campagna includeva l'agenzia Yokoso! Japan, che offriva la possibilità di accedere a tirocini lavorativi in Giappone. Un tema ostico, perché legato alla storica difficoltà degli stranieri a integrarsi in un sistema fortemente gerarchizzato e francamente respingente, proprio come l'aveva descritto Amélie Nothomb in *Stupeur et tremblements*[17] (*Stupore e tremori*, 1999), che narra l'esperienza dell'autrice in una multinazionale, dove viene retrocessa di grado fino a ricoprire l'umiliante mansione di «guardiana dei cessi».

Un'altra priorità che il governo dovette affrontare fu quella del calo demografico e dell'invecchiamento della popolazione in relazione al debito pubblico: per arginare il problema, il Giappone avrebbe dovuto accogliere milioni di immigrati, pari al 10% della popolazione. La proposta di dare la cittadinanza in base allo jus soli e non allo jus sanguinis fu immediatamente abbandonata in nome della preservazione della cultura nazionale.[18]

---

17 Il romanzo è stato trasposto nel film *Stupore e tremori* (di Alain Corneau, 2003).

18 Fra l'altro, la questione era già stata affrontata durante il boom economico degli anni Ottanta con i *dekasegi*, persone di origine giapponese emigrate in Sud America (soprattutto in Brasile), che erano rientrati nella patria d'origine per sfuggire alla crisi economica. All'epoca i *dekasegi* furono considerati alla stregua di «risorse umane dall'estero» per svolgere i lavori più umili.

Per meglio strutturare il nuovo assetto sociale e lavorativo, nel 2007 fu emanata la Tourism Nation Promotion Basic Law che per la prima volta riconosceva nel turismo uno dei pilastri dell'economia giapponese e dava le linee guida per rivitalizzare le economie regionali e convogliare allo scopo le adeguate risorse umane e tecnologiche. Il governo, parallelamente, elaborò strategie promozionali per incentivare destinazioni competitive a livello internazionale e implementare misure necessarie per creare un ambiente favorevole ai viaggi.

La costruzione del nuovo immaginario a uso turistico si basò su una rivisitazione nostalgica dell'era Shōwa e sull'idea che quello moderno non fosse il «vero Giappone» che, viceversa, si trovava fuori dalle grandi città, usate dai turisti come base per spostarsi nei territori meno battuti. Il reale fu rimpiazzato dal simulacro del post-moderno che strizzava l'occhio a una visione romantica e artefatta dei decenni passati: quelli dell'era Shōwa, perché adesso appariva come sinonimo di stabilità economica, di certezze politiche, di valori, di famiglia e lavoro. Grande protagonista di questa reinterpretazione del Giappone fu lo Studio Ghibli che, con le sue opere basate sulla letteratura popolare nipponica, rifletteva esattamente quel tipo di immagine ai consumatori oltreoceano.

Miyazaki Hayao (co-fondatore nel 1985 dello Studio Ghibli, di cui il museo è stato inaugurato nel 2001) è considerato il maggiore esponente al mondo dell'animazione nipponica. I temi rappresentati nei suoi lungometraggi sono incentrati sull'ambientalismo, il pacifismo, l'amore, la famiglia, il rapporto tra umanità e tecnologia, la salubrità dei modelli di vita tradizionali, l'importanza dell'artigianato, la difficoltà di affermare la pace in un mondo violento e la guerra, sempre fortemente condannata. In tutti i suoi film prevale il senso di meraviglia e stupore, tipico dei bambini, contrapposto alla visione strumentale e utilitaristica della società contemporanea. Miyazaki ha saputo infondere nelle sue opere un grande senso di umanità e speranza che ha senz'altro influenzato le nuove generazioni e influito su tantissimi artisti a livello mondiale, come Sakaguchi Hironobu,[19] gli appartenenti al cosiddetto Rinascimento Disney,[20] e gli artisti della Pixar Animation Studios.

Nel 2009 il governo nominò tre giovani donne «ambasciatrici del *kawaii*» per potenziare la diffusione della cultura pop: Misato Aoki (modella *lolita*), Yu Kimura (rappresentante dello stile di Harajuku) e Fujioka Shizuka (star delle uniformi scolastiche griffate). La scelta era motivata dal fatto che la controparte femminile dell'*otaku* risultava essere una delle immagini del Cool Japan facilmente esportabile nel mondo della moda, degli *anime* e *manga*, con tutte le sue varianti: *yurukawa* (lazy kawaii, come Gudetama)[21], *kimokawa* (*grotesque kawaii*), *busukawa* (*ugly kawaii*), *kawakawa* (*scary kawaii*) e *ero-kawaii* (*sexy kawaii*).

La *shojō* moderna fu caratterizzata da *kirakira* (termine onomatopeico per indicare scintillio e grandi occhi sbrilluccicosi) e *hirahira* (essere svolazzante). Movenze delicate, fiocchi e gonne al vento contraddistinsero le nuove *sentō bishōjo* (le belle ragazze combattenti), come *Ojamajo Doremi*

---

19 Creatore della serie *Final Fantasy*.

20 Si intende il periodo tra il 1989 e il 1999 durante il quale la Walt Disney Feature Animation tornò a produrre film d'animazione di grande successo critico e commerciale, adattando storie famose con importanti accompagnamenti musicali, proprio come fra gli anni Trenta e Sessanta. Tra i film più importanti: *La Sirenetta* (1989), *Bianca e Bernie nella terra dei canguri* (1990), *La bella e la bestia* (1991), *Aladdin* (1992), *Pocahontas* (1995), *Il gobbo di Notre Dame* (1996), *Hercules* (1997), *Mulan* (1998) e *Tarzan* (1999).

21 Personaggio dei cartoni animati della Sanrio che consiste in un uovo antropomorfo estremamente pigro.

(*Magica Doremì* di Tōdō Izumi, 1999-2003) e *Purikyua* (*Pretty Cure*, 2004-). Questi prodotti erano saturi di «girl power» nell'accezione giapponese del *joshi ryoku*: se in Occidente il potere della donna si basava sull'emancipazione, in Giappone era la capacità di imparare a ogni età e di sapersi adattare ai cambiamenti. La società giapponese continuava a chiedere alle ragazze di diventare brave madri, devote mogli ed entusiaste consumatrici secondo il prototipo di bellezza del *kawaii*. In Occidente si ammirava e preferiva la femminilità matura, in Giappone invece il prototipo di bellezza continuava a essere quello di una donna con le sembianze di una ragazza minuta e diafana.

L'impressionante politica di investimenti stanziati per lo sviluppo e l'esportazione del Cool Japan nel mondo venne definita nel 2013 dall'antropologa Laura Miller: «Gross National Propaganda», una forma di ricostruzione culturale sponsorizzata dallo stato. Le strutture organizzative legate al

turismo iniziarono a scegliere e ingaggiare influencer di spicco del mondo dei viaggi e degli YouTuber per attirare i turisti in un Sol Levante dove tutto era stato predisposto per accogliere gli stranieri, per far conoscere loro il «vero Giappone», quello di una presunta tradizione millenaria gelosamente custodita e rappresentata da attività come recarsi alle terme, mangiare *washoku*, fare *hanami*, purificarsi al tempio o dare da mangiare ai cervi di Nara.

Tutto ciò che, a questo fine, veniva considerato controproducente fu dimenticato con uno schiocco di dita.

Con il passare del tempo questo tipo di turismo divenne una moda, anche a discapito della qualità dell'esperienza: spesso bastava vantare un gran numero di follower per essere scelti da agenzie turistiche come tour leader di viaggi organizzati, senza in effetti verificare la conoscenza della cultura locale. Del resto il turismo di massa, in Giappone come nel resto del mondo, ha portato a viaggi finalizzati all'abbondanza di timbri sul passaporto piuttosto che alla conoscenza reale di un territorio. Con l'avvento dei social, mostrarsi in determinati luoghi famosi per molti diventò più importante che non approfondire la storia di quei luoghi. Una mania narcisistica che ha portato alla svalutazione del viaggio stesso. E, in questo contesto, il Giappone quasi all'improvviso divenne il paese più bello del mondo: anche chi non ne aveva mai sentito parlare iniziò a esprimere il desiderio di visitarlo, anche perché la quasi totalità di chi ne parlava online ne sottolineava solamente gli aspetti positivi.

L'editoria, un mercato in crisi, rifiorì con la pubblicazione sterminata di manuali di auto-aiuto e filosofia zen applicata all'Occidente. *Kintsugi*,[22] *wabi-sabi*,[23] *shinrin-yoku*[24] e *ikigai*[25] divennero i motori trainanti di una serie di vademecum contro i dolori esistenziali del capitalismo. Come se i giapponesi avessero trovato la cura a qualsiasi malessere grazie alla loro saggezza millenaria, coltivata quotidianamente dai giapponesi moderni.

Le città principali come Tōkyō e Kyoto furono prese d'assalto da orde di turisti che conoscevano molto poco il galateo nipponico, e infrangevano qualsiasi norma sociale basilare. Il Giappone moderno fu interpretato come un immenso luna park dove i giapponesi erano delle macchiette educate sempre disponibili e sorridenti. Una concezione in

---

22 «Riparare con oro». Tecnica di restauro ideata nel Quattrocento in Giappone per riparare le ceramiche utilizzando, tra le giunture, una lacca mescolata con polvere d'oro.

23 Visione del mondo giapponese, anche estetica, che si basa sull'accettazione della transitorietà e dell'imperfezione delle cose.

24 «Forest Bathing». Terapia della medicina tradizionale giapponese che si basa sul tempo trascorso a contatto con la natura.

25 Parola che si riferisce alla ricerca di uno scopo nella vita e di ciò che la rende degna di essere vissuta.

forte contrasto con il sentire della popolazione che da una parte, come da galateo nipponico, fu effettivamente molto gentile e disponibile, ma dall'altra fece di tutto per escludere i *gaijin* da moltissime pratiche, oltre a rifiutarsi di imparare correttamente l'inglese.

WASHOKU, PATRIMONIO DELL'UNESCO

Uno degli aspetti più importanti della brandizzazione del Giappone fu la diffusione della cucina tradizionale nipponica. A partire dagli anni Duemila la cucina giapponese acquisì maggiore importanza: nel 2011 il Giappone superò la Francia per numero di ristoranti con tre stelle Michelin, dal 2018 Tōkyō divenne la città con più ristoranti stellati al mondo e il 4 dicembre 2013 il *washoku* fu aggiunto alla lista del patrimonio immateriale UNESCO.

Con *washoku* (armonia del cibo) si intende la cucina tradizionale giapponese, la *kyōdo ryōri* (cucina regionale),

i piatti legati alle festività, le tradizioni nipponiche che si sono sviluppate nel tempo attraverso trasformazioni economiche, politiche e sociali, fermo restando i valori del rispetto, dell'accoglienza, la cura e la presentazione del cibo, così come la lavorazione e la valorizzazione dei prodotti e della materia prima.

Il *washoku* si definisce *ichiju sansai*, *ichi* ovvero «uno», *ju* cioè «zuppa», *san* che significa «tre» e *sai* che si riferisce ai «piatti»: «una zuppa, tre piatti», cioè la composizione di un pasto classico in stile giapponese, spesso preceduto da un *torizakana* (piccolo benvenuto stagionale).

Le origini dell'*ichiju sansai* risalgono al periodo Heian (794-1185), quando l'aristocrazia partecipava a banchetti detti *daikyo ryōri*. Durante il periodo Marumachi (1336-1573) la classe *samurai* introdusse l'*honzen ryōri*, una forma altamente ritualizzata ed elaborata di servire il cibo in contrasto con il *shōjin ryōri*,[26] la cucina tradizionale buddista priva di carne. Perfezionata fra XVI e XVII secolo, la cucina giapponese si assunse la configurazione attuale: *gohan* (riso cotto) di qualità

26 Stile culinario praticato nei templi zen durante la dinastia cinese Song (960-1279) e introdotta in Giappone dai monaci circa 700 anni fa, composto da pasti umili a base di verdure, tofu, yuba (caseina di soia), seitan e nattō (soia fermentata).

Japonica servito nella sua ciotola dedicata, *misoshiru* (zuppa di miso), *ozaku* (piatto principale o contorni per accompagnare il riso) e *tsukemono* (sottaceti).

Il *washoku* comprende anche piatti di origine occidentale dell'epoca antecedente al periodo Meiji, tra cui, molto apprezzati in Giappone, alcuni piatti di Okinawa, frutto di contaminazione con altre culture, in particolare quella americana. Alcuni esempi sono il *riso taco* (creato nel 1984 da Gibo Matsuzo, a base di carne macinata al gusto di taco su riso sormontata da formaggio, lattuga, pomodoro e salsa), il *rafute* (o «maiale *shōyu*», piatto di pancetta di maiale stufata in salsa di soia e zucchero di canna introdotto nel Novecento alle Hawaii), il *goya champuru* (fritto di pancetta di maiale, tofu, uova e *goya* o «melone amaro») e gli *andagi* (dolci di pastella fritti).

Nel *washoku* vengono esaltati l'*umami*[27] e la stagionalità (*shun*) degli ingredienti attraverso la scelta della materia prima, delle stoviglie e delle decorazioni. I piatti sono suddivisi in *yakimono* (alla griglia), *nimono* (in umido, bolliti), *itamemono* (saltati in padella), *mushimono* (al vapore), *agemono* (fritti), *sashimi* (pesce crudo affettato), *shirumono* (zuppe), *tsukemono* (sottaceti, salamoia), *aemono* (conditi con vari tipi di salsa), *sunomono* (con aceto) e *chinmi* (gusto raro o delicatezza, piatti locali). L'uso di condimenti come soia, *sakè*, *mirin*, *miso*, succo di *yuzu*, *wasabi*, aceto di riso, senape e *shichimi* è attentamente calibrato, così come è ben calcolato il corretto apporto di nutrienti.

Il *sushi*, uno dei piatti simbolo della cucina giapponese e quello più diffuso, in Occidente fu accolto inizialmente come esotico, poi come raffinato e infine popolare. Per gli americani

27 Il quinto gusto dopo salato, dolce, amaro e acido. Sensazione di saporito e sapido indotta dal glutammato monosodico.

il pesce crudo era immangiabile e quindi, per andare incontro al loro gusto, molti cuochi giapponesi lo sostituirono con pesce grigliato, e utilizzarono il formaggio al posto del *wasabi*. Lo chef che contribuì maggiormente alla creolizzazione della cucina giapponese fu Nobu[28] (Matsuhisa Nobuyuki): nel 1987 aprì il ristorante Matsuhisa a Bervely Hills, dove propose una serie di piatti frutto di improvvisazione e interpretazione delle esigenze dei clienti, come i celeberrimi *new style sashimi* (*sashimi* guarnito con olio quasi al punto di fumo e salsa *ponzu*), i ricci fritti in *tempura*, la pasta di calamari saltata con salsa all'aglio leggera, l'insalata di *sashimi* (replicata poi da tutti i ristoranti fusion nel mondo) e la bistecca di tonno cotta per la prima volta come se fosse *wagyu* (manzo giapponese). La fama di Nobu crebbe nel 1994 quando entrò in partnership con Robert De Niro. Nel 2000 aprì il ristorante Nobu Milano con Giorgio Armani: da allora, gli italiani hanno cominciato ad apprezzare il pesce crudo e a consumarlo abitualmente. Nobu cambiò definitivamente le abitudini alimentari prima di una città e poi di un intero paese.

Nobu faceva parte di una generazione di cuochi che negli anni Sessanta andarono a lavorare negli Stati Uniti, soprattutto in California. Ben presto nacquero i primi esperimenti fusion di cui l'emblema fu l'*uramaki*: un *sushi* rovesciato, con riso all'esterno (il sapore dell'alga era ritenuta troppo forte dagli americani e non gradevole alla vista) e riempito con ingredienti facilmente reperibili purché non fosse pesce crudo. La prima preparazione di successo fu il *California Roll*, proposto da Mashita Ichiro del ristorante Tokyo Kaikan, che sostituì il tonno con l'avocado e, in seguito, fu realizzato anche con cetriolo, surimi e avocado. La paternità di questo piatto

---

28 Approfondimento sul blog: https://www.cookingwiththehamster.com/nobu-la-cultura-del-cibo-giapponese-in-occidente

è però contesa anche dallo chef Seusa Ken del Kin Jo Sushi Restaurant di Hollywood che lo avrebbe inventato nel 1979, e lo chef Tōjō Hidekazu che, trasferitosi a Vancouver nel 1971, avrebbe dato quel nome a un piatto in onore dei clienti californiani del suo ristorante. A lui si deve anche, sembra, il *B.C. roll* (British Columbia) con salmone alla brace e cetriolo con sopra salsa dolce.

Tra gli *uramaki* creati negli Stati Uniti ci sono anche il *Philadelphia Roll*[29] (salmone fresco o affumicato, formaggio Philadelphia, cetriolo o avocado), lo *Spider Roll* (granchio dal guscio morbido, cetriolo, daikon, lattuga, maionese piccante e alga nori esterna), il *Dragon Roll* (maionese, gambero in *tempura*, avocado) e il *Rainbow Roll*, ideato a Little Tokyo, Los Angeles. Il consumo di *sushi* con salmone, invece, è frutto di una precisa strategia commerciale che alla fine degli anni Ottanta portò all'esportazione del salmone norvegese in eccesso nel Giappone dove, fino ad allora, il *sushi* di salmone non era apprezzato perché la materia prima locale era di qualità nettamente inferiore. A partire dai primi anni Novanta, chef famosi come Ishinabe Yutaka adottarono questo piatto e lo promossero in

29 Può includere anche altri pesci oltre al salmone. La combinazione Philadelphia e avocado era molto in voga come guarnizione dei bagel negli anni Ottanta negli States, da lì l'idea di aggiungerlo nel *sushi*.

programmi televisivi tra cui Iron Chef. Nel gergo della ristorazione il salmone viene chiamato «il pollo del mare» perché costa poco e se ne trova in grandi quantità. Per questa ragione il *sushi* di salmone è diventato molto popolare ovunque, ma non nei menu dei ristoranti di fascia alta.

In Europa il *sushi* arrivò attraverso la Gran Bretagna, ma fu percepito come una moda americana e non come una cucina di derivazione coloniale alla stregua di quelle cinese e indiana. I primi ristoranti giapponesi aprirono in prossimità delle stazioni delle grandi metropoli ed erano frequentati da uomini d'affari e turisti giapponesi.[30] I primi *sushi bar* erano gestiti da giapponesi, gli interni ricalcavano gli ambienti casalinghi nipponici e il personale vestiva abiti tradizionali.[31] L'idea era di ricreare un luogo nostalgico in un momento storico in cui spopolavano i fast food. Non a caso alcuni ristoratori replicarono il modello di McDonald's, creando catene di *sushi bar* concorrenziali, a basso costo e a prezzo fisso. I primi locali di questo tipo in Italia erano perlopiù di proprietà cinese e avevano il *kaiten sushi*, il nastro trasportatore. Il primo a collaudarlo era stato Shiraishi Yoshiaki nel ristorante Mawaru Genroku Sushi che aveva aperto nel 1958 a Ōsaka. Il suo scopo era quello di meccanizzare la preparazione e il servizio dei piatti per abbattere i costi ed ebbe un tale successo che ben presto altri duecento ristoranti *kaiten* aprirono in tutto il Giappone.

L'automatizzazione del *sushi* contribuì alla sua globalizzazione e rese per certi versi superflua la figura dello chef: macchinari come il *sushi robotto* e il *maki robotto* velocizzarono la produzione realizzando le polpette di riso e attac-

---

30 Tomoyoshi Endo, uno dei primi ristoranti giapponesi a Milano, aprì nel 1970 a pochi passi dalla Stazione Centrale, ospitando a lungo lo stesso tipo di clientela.

31 Poporoya, il primo *sushi bar* di Milano aperto dal 1977, ricalcava esattamente questa descrizione.

cando in automatico il riso all'alga. Il *sushi* cominciò a essere venduto confezionato anche nei supermercati e a buon diritto entrò a far parte del boom orientalista insieme al *karaoke* e al mondo *otaku*.

Poiché i ristoranti come Poporoya, Tomoyoshi Endo, Osaka, Nobu o come Iyo di Claudio Liu, che nel 2007 fu il primo ristorante etnico in Italia a ricevere una stella Michelin, erano rivolti a una ristrettissima clientela, alcuni imprenditori introdussero la formula americana degli All You Can Eat,[32] rendendo accessibile la cucina orientale alla maggior parte degli italiani, ma spesso a discapito della genuinità e dell'autenticità.

L'apprezzamento costante per la cucina giapponese in generale non mette a tacere le controversie di stampo animalista sull'*izukuri* (ovvero la preparazione del *sashimi* a partire da pesci e frutti di mare vivi) e l'*odori ebi* (*sushi* con gambero ancora vivo). Ma il tema più dibattuto, anche a livello internazionale, è sicuramente quello delle balene. La caccia alla balena avviene in Giappone fin dalla preistoria e fra l'altro la carne di balena rientrava tradizionalmente anche nella dieta buddista che vietava il consumo di carne: balena in giapponese si dice *kujira* (grande pesce), dunque non era considerata un mammifero. Nel XVII secolo lo scrittore Saikaku Ihara nel *Nippon Eitaigura* (Il Magazzino Eterno del Giappone) citò la minestra di balena come piatto comune a Kyoto, e nel 1832 fu pubblicato un intero ricettario: *Kijiranku Chōmihō*. Con l'arrivo degli occidentali, la balena era cacciata soprattutto per l'olio e, dopo la seconda guerra mondiale, la carne rappresentò una fonte di sostentamento fondamentale nel Giappone ridotto in miseria dalla guerra. La caccia proseguì fino al 1982, quando l'International Whaling

32 L'AYCE nacque negli anni Sessanta nei casinò di Las Vegas, quando a mezzanotte venivano offerti lauti buffet senza limiti.

Commission approvò una moratoria a livello globale. Oggi è ancora possibile mangiare carne di balena in Giappone: costa moltissimo ed è presente solo in negozi specializzati di antica tradizione e nei pochi ristoranti che propongono *kujira ryōri*. Quasi sempre sono i turisti occidentali a volere provare questa esperienza gastronomica.

Ormai sono pochi i giapponesi che la apprezzano, e il commercio di carne di balena è un settore in crisi proprio dagli anni Ottanta-Novanta, quando il Giappone, in un periodo in cui l'economia «minacciava» la supremazia americana, venne stigmatizzato come «paese barbaro» dalle pratiche sadiche in una narrazione orientalista che lo contrapponeva a un Occidente «civilizzato».

Il tema della gastronomia nipponica è stato oggetto di produzioni cinematografiche molto apprezzate e che hanno aiutato la diffusione di questa cultura in tutto il mondo, come *The ramen girl* (di Robert Allan Ackerman, 2008), una delicata commedia in cui Abby (Brittany Murphy) si reca a Tōkyō per raggiungere il suo fidanzato e finisce per imparare a preparare il *rāmen* da un burbero cuoco di un *ramenya*.

Jiro e l'arte del sushi (di David Gelb, 2011) è probabilmente il documentario più conosciuto e discusso sul cibo giapponese. Il protagonista è il *sushi* chef ultra-ottantenne Ono Jirō, proprietario del ristorante Sukiyabashi Jirō che nel 2008 ottenne tre stelle Michelin (perse in un solo colpo nel 2020).

Tra i lungometraggi che hanno messo il cibo al centro della narrazione si ricordano 食堂かたつむり (*Rinco's Restaurant* di Tominaga Mai, 2010), *Shiawase no Pan* (*Bread of happiness* di Mishima Yukiko, 2012), *Umi no Futa* (di Koseki Kōji, 2015), *Dad's Lunch Box* (di Fukatsu Masakazu, 2017) e, soprattutto, あん (*Le ricette della signora Toku* di Kawase Naomi, 2015), la commovente storia di Sentaro, proprieta-

rio di un piccolo chiosco di *dorayaki*, che assume un'anziana signora con problemi di salute per preparare la marmellata di fagioli azuki (*anko*).

Una serie di successo focalizzata sul cibo e con protagonista un *sararīman* gourmand è stata *Kodoku no Gourmet* (*The Solitary Gourmet*, TV Tokyo, 2012-): tratta da un *seinen*,[33] narra le vicende di Goro Inogashiro, un commerciante che viaggia per le città del Giappone alla ricerca di ristoranti dove mangiare. I locali mostrati sono realmente esistenti e questo espediente è stato utilizzato anche per *Nobushi no gurume* (*Samurai Gourmet*, Netflix, 2017) e *Saboriman Kantarou* (*Kantaro: The Sweet Tooth Salaryman*, Netflix e TV Tokyo, 2017), dedicato ai dolci e alle pasticcerie.

33 *Manga* dedicato a un pubblico di giovani uomini adulti.

Una delle serie sul cibo meglio riuscite e più appassionanti degli ultimi anni è quella tratta dal manga *La taverna di mezzanotte* (di Abe Yarō, 2006-2007): in una *izakaya* di Shinjuku lo chef chiamato «Master» accoglie i clienti che la notte non hanno voglia di tornare a casa, cucinando per loro ciò che più desiderano sempre che abbia gli ingredienti necessari.

Il cibo assume il ruolo di una madeleine proustiana per narrare le vite degli avventori, persone che normalmente non si vedono in giro alla luce del sole (come *yakuza*, scapoli o travestiti), unite fra loro dal buon cibo dello chef.

Ciò che apprezzo di questa serie è il profondo senso di umanità che traspare, oltre all'atmosfera idilliaca tipica dell'*izakaya*, rappresentata come un locus amoenus in cui non c'è spazio per il giudizio: il Master ascolta tutti e non si sbilancia mai. Vedere o leggere *La taverna di mezzanotte* (*Shin'ya shokudō*) significa immergersi nell'atmosfera tipica degli *yokochō*, i «vicoli» di Shinjuku dove è possibile mangiare e bere fino alle prime luci dell'alba. Se anche voi come me avete amato i vicoli di Omoide yokochō o Golden Gai vi commuoverete anche solo ascoltando la musica della sigla di apertura.

キャロット
美香
MIKA
まねき通り

新宿
思い出横丁
角ハイボールがお好きでしょ。
思横ビル
餃子の安亭
焼鳥・おでん
思ひ出酒

CREOLIZZAZIONE DELLA CUCINA GIAPPONESE IN AMERICA LATINA

A partire dal 2010 divennero estremamente popolari i piatti frutto di fusione della cucina giapponese con quella di Brasile, che ospita la più grande comunità giapponese del mondo fuori dal Giappone, Perù e Hawaii.

La prima migrazione giapponese in Brasile coincise con l'attracco a Santos nel 1908 della nave Kasato Maru. Considerati dai brasiliani come manodopera a basso costo, i *Nikkei Burajiro-jin* (nippo-brasiliani) lavoravano nelle piantagioni di caffè, mangiavano riso e merluzzo, mettevano in salamoia i frutti tropicali e producevano *miso* e *shōyu* (salsa di soia). *Sushi*, *sashimi* e *tempura* divennero popolari nei ristoranti a buffet, ma il vero protagonista di questa contaminazione fu il *temaki* (un *sushi* a cono), proposto per la prima volta nel 2003 da Temaki Express a Vila Olimpia.

Di vent'anni precedente è invece la prima ondata migratoria in Perù, dove giapponesi lavoravano nelle piantagioni di zucchero. I *Nikkei Perūjin* (nippo-peruviani) consumavano pesce e frutti di mare, ingredienti che i peruviani scartavano considerandoli poveri. La cucina creola che ne derivò costituisce la *cucina nikkei*, ossia nippo-peruviana, e comprende *sushi* con aji amarillo,[34] ceviche,[35] alghe con frutti tropicali, zuppa di miso con cuori di palma, pulpo a olivo[36] e orata con riso, yuzu e jalapeño. Il *tiradito* è il piatto più apprezzato, una variante del ceviche resa celebre da Nobu,

---

34 Peperoncino peruviano.

35 Il ceviche è un piatto peruviano a base di pesce crudo marinato con agrumi e speziato. La versione moderna prevede pesce preparato come il *sashimi*.

36 Polpo con maionese all'olio di oliva e senape.

tanto da essere nominato ambasciatore della cucina peruviana nel mondo.

Quanto alle Hawaii, i primi giapponesi vi arrivarono probabilmente durante il periodo Kamakura (1185-1333). Qui il pesce ha sempre caratterizzato l'alimentazione dei locali: i pescatori si cibavano di cubetti di pesce (poke,[37] tagliato a tocchetti) conditi con ciò che avevano a disposizione. I giapponesi introdussero la salsa di soia, l'olio di sesamo e impiegarono il tonno rosso, inventando così lo *shoyu poke*. Aggiungendo il riso cotto al vapore crearono poi l'*ahi poke*. Alle Hawaii esistono inoltre molti piatti frutto di contaminazione nipponica. Lo *Spam musubi* ricorda l'onigiri[38] ed è formato da una fetta di SPAM[39] grigliata adagiata su un blocco di riso, il tutto avvolto con una striscia di alga nori. Il *saimin* è una zuppa simile al *rāmen*. L'*Hawaiian shaved ice* deriva dal *kakigōri*, un dolce di ghiaccio grattugiato[40] guarnito con sciroppi aromatizzati, gelato, azuki e/o latte condensato. E per provarli si va nelle *cokazuya* di Honolulu, antiche gastronomie che vendono piatti giapponesi e locali.

GYARU IN COSTANTE EVOLUZIONE

All'inizio degli anni Duemila i quartieri della moda di Tōkyō continuarono a dettare legge in fatto di stile di strada, atti-

---

37 Approfondimento sul blog: «Poke: genesi ed evoluzione», https://www.cookingwiththehamster.com/poke-genesi-ed-evoluzione

38 *Onigiri* o *omusubi* è una polpetta di riso giapponese con diversi tipi di ripieno.

39 Lo SPAM è un tipo di carne in scatola usata dalle truppe americane durante la seconda guerra mondiale e incorporata nella cucina locale hawaiana.

40 Un tempo era appannaggio solo dei ricchi. È diventato popolare con l'era Meiji e lo sviluppo delle nuove tecnologie per la produzione e l'immagazzinamento del ghiaccio a basso costo.

rando per la prima volta in modo massiccio anche gli stranieri che cominciarono a riversarsi a Harajuku e Shibuya per abbracciare gli stili in voga. Con *Gaijin Gyaru* si indicavano le ragazze straniere che potevano seguire la moda *gyaru* grazie alle politiche di apertura del Giappone. *Otaku* occidentali (o più semplicemente chi se lo poteva permettere) partirono alla volta del Sol Levante per vivere presso famiglie ospitanti, seguendo lezioni di giapponese a scuola la mattina e girando per Tōkyō il pomeriggio, oppure affittando un appartamento modulare in periferia e svolgendo qualche lavoretto o, ancora, nel caso di universitari, facendo un master grazie a una borsa di studio. Per la prima volta tanti giovani uscirono dalla bolla di internet e si resero fisicamente visibili nei luoghi dei loro sogni, mentre altrettanti, grazie al sorgere di nuove piattaforme online come Tumblr e YouTube, realizzarono video tutorial con consigli su come vestirsi e truccarsi «alla giapponese». In rete divennero popolari personaggi come la statunitense Dakota Koti: grazie a una tecnologia in grado di cambiare i connotati del viso,[41] Dakota riusciva ad apparire asiatica. I suoi video divennero virali sulla piattaforma nipponica Niconico e nel 2012 Dakota, detta «la bambola vivente», firmò un contratto con un'agenzia e si trasferì a Tōkyō per lavorare come modella: posò per la rivista *Popteen* e sfilò per Baby, The Strars Shine Bright e Alice and the Pirates.

Gli stili giapponesi erano sotto i riflettori di tutto il mondo, così come tutto ciò che riguardava il Giappone in generale, grazie alla tempestività e la pervasività di internet, ottenendo un'attenzione mai avuta prima. Nel 1999 fu fondata la rivista *Vogue Japan* e nello stesso anno Oliviero Toscani realizzò *Bambole Kokeshi*, la campagna internazionale per il catalogo

41 All'epoca non esistevano i filtri di Snapchat o Instagram, quindi era davvero qualcosa di innovativo.

primavera-estate United Colors Of Benetton (in collaborazione con Tim e Procter & Gamble), dove ritrasse l'universo stilistico dei giovani tra i sedici e i ventiquattro anni di Harajuku e Omotesandō. Il volume si apriva con un testo di Yoshimoto Banana e lo stile fotografico era di tipo documentaristico di strada (lo stesso di *Egg Magazine* e *FRUiTS*).

Fotografi internazionali si recarono nei quartieri della moda di Tōkyō per testimoniare cosa stava succedendo e molti stilisti occidentali presero ispirazione dalla cultura giapponese antica e moderna portando in passerella l'orientalismo. John Galliano per Dior[42] realizzò le collezioni più iconiche in questo senso come la prêt-à-porter del 2003, dove presentò reinterpretazioni del teatro *kabuki* feticizzato, e la couture primavera-estate 2007. Così come Giacomo Puccini si era ispirato al Sol Levante per realizzare *Madama Butterfly* (1904), allo stesso modo Galliano si recò in Giappone alla ricerca di ispirazione per la collezione più imponente della storia della moda dedicata a questa terra.

Contemporaneamente a questa «appropriazione culturale», come venne definita in seguito, i giovani tokyoti continuarono a interpretare la loro epoca con codici vecchi e nuovi, realizzando un caleidoscopio fittissimo di stili come mai era accaduto prima.

La moda della pelle scura continuò durante tutti gli anni Duemila. Molte ragazze si riunirono in Angeleek, un *gyaru* circle che restò attivo fino al 2009 secondo il sistema di recluta generazionale tipico delle *aidoru*.

Le *kurogyaru* (ragazza dalla pelle nera) vestivano d.i.a., marchio che proponeva abiti attillati e grandi cinture con fib-

42 Approfondimento sul blog: «John Galliano per Dior: Cina e Giappone», https://www.cookingwiththehamster.com/john-galliano-per-dior-cina-e-giappone

歌舞伎町一番街
小松ビル
麻雀ブル
お好み焼 本陣 8F
お好み もんじゃ たこ焼き 7F
麻雀ブル 6F
お好み焼き本陣 2F
劇場通り
すしまみれ
CLINIC
PROMISE
アイフル

bie e catene. Questo abbigliamento in declinazione animalier fu poi adottato dalle *tsuyome gyaru.*

Nel 2012 fu fondato il Black Diamond, il *gyaru* circle che avviò una community online in inglese su Facebook e Instagram, pubblicò due singoli musicali con video (*AVANT GARUDE* e *CRAZY TRIBE*) e, nel 2015, aprì il bar ガングロカフェ (Café Ganguro). Fondò infine GALEO, un negozio online di vestiti e musica con spedizione internazionale.

La pelle abbronzata rimase peraltro un fenomeno minoritario rispetto alla pelle bianca, preferita dalle ragazze che presero ispirazione dalla musica rock (*rokku gyaru*) e gotica (*goshikku gyaru*). Successivamente presero piede il tema sportivo anglosassone dell'*haady gyaru* (schietto) e il gotico *peeps* (dallo slang inglese «amici»). Le *ora ora gyaru*, invece, perpetuavano la cultura delle *sukeban*.

Magogyaru era lo stile innocente delle ragazze delle scuole medie, mentre *oone gyaru* (sorella maggiore) fu adottato da quelle più grandi. Le *ane gyaru*, con tatuaggi e piercing, si consideravano sovversive, mentre le *mode gyaru*, più eleganti, erano simili alle *serebū gyaru,* che imitavano Amuro Namie, Jennifer Lopez, Paris Hilton, Britney Spears, Nicole Richie e indossavano Chanel, Gucci, Coach, Juicy Couture, Von Dutch e Dior. L'ossessione per le celebrità era forte anche per le *gangyaru,* che seguivano lo stile di Yoshida Natsumi, parimenti per marchi come Cocolulu per le *coco gyaru*.

Hime gyaru (ragazza principessa), stile romantico reso celebre da Ousaki Himena, rimandava al rococò, di cui la versione meno eccentrica era l'*himekaji* (princess casual), mentre quella più provocante *agejo gyaru.*

Bohemian gyaru si ispirava alla filosofia «peace and love» degli anni Sessanta con vestiti ampi a tema floreale, mentre *Ishokuhada gyaru*, infine, si basava sul rifiuto degli stereotipi della giapponesità attraverso l'uso di body painting fluo.

SHINJUKU: LA MODA E I CLUB

Anche la zona di Shinjuku fu teatro di sottoculture specifiche legate alla vita notturna in virtù dei numerosi locali a luci rosse di Kabukichō. Qui divennero popolari gli host club dove le donne giapponesi pagavano ragazzi con i quali parlare e trascorrere la serata. Non si trattava di incontri finalizzati al sesso, gli *host* dovevano chiacchierare con le clienti e servire loro da bere. La speranza di molti ragazzi (di età compresa tra i diciotto e i vent'anni) era quella di trovare una donna che li mantenesse.

Il primo host club aprì nel 1966, ma questi locali raggiunsero il picco di popolarità nel 2010. I giovani che vi lavoravano avevano i capelli lunghi e spesso decolorati e indossavano camicie satinate aperte sul petto, cinture e cravatte stravaganti, gioielli dalla foggia costosa, corpo abbronzato, abiti scuri. L'*host* più famoso fu Roland, modello, personaggio televisivo e imprenditore.

La versione femminile dell'host club era l'hostess club dove le ragazze intrattenevano i clienti facendo conversazione e bevendo insieme a loro. Anche in questo caso gli incontri non erano necessariamente finalizzati a rapporti sessuali, e questi locali erano controllati dalla Commissione per la sicurezza pubblica e classificati nell'Industria alimentare e dell'intrattenimento.

Il mondo delle *hostess* è stato raccontato nel romanzo autobiografico *Puratonikku sekkusu* (*Platonic Sex*, 2000) in cui l'autrice Iijima Ai descrive come è entrata a fare parte dei club di Roppongi dopo essere scappata di casa e di come sia poi entrata nel mondo della pornografia. *Garazu raifu* (*Girl's Life* di Otsuka Yuki, 2009), invece, è il film autobiografico su Sakurai Rina che, vincendo i pregiudizi sociali, è riuscita a sposarsi e a farsi una famiglia.

L'abbigliamento delle *hostess* era una combinazione di *hime gyaru* e *agejo gyaru*: *kyabajō* (bar girl), ben documentato dalla rivista *Koakuma Ageha* (piccolo diavolo) che aveva come target ragazze ventenni e che usava come modelle vere *hostess* chiamate *Age-jo(s)*. *Koakuma Ageha*, nato nel 2005, conteneva consigli di stile e rubriche che trattavano temi difficili come tentativi di suicidio, abusi, solitudine, alcolismo, bullismo e sessualità. Ebbe così tanto successo che fu affiancato dai sisters magazines *Ane Ageha*, *Kimono Ageha* e *I Love Mama* indirizzato alle *gyaru mama*, quelle donne che hanno figli ma che non rinunciano allo stile *gyaru*.

AKIHABARA: VERSO LO SDOGANAMENTO

Akihabara, il quartiere dell'elettronica dove erano stati confinati gli *otaku* negli anni Novanta, divenne un frizzante polo di interesse per i turisti stranieri grazie ai *meido kafe* (maid café), locali dove ragazze giovani e carine vestite da cameriere dell'Ottocento accolgono i clienti con la formula *Okaerinasaimase, goshujinsama* (Benvenuto a casa, padrone).

Il primo locale di questo tipo aprì i battenti il 30 marzo 2001: Cure Maid, con arredamenti ottocenteschi, cameriere con uniformi da governanti vittoriane. L'idea era quella di fare sentire la clientela *otaku* come in una dimora aristocratica inglese o francese dell'Ottocento. Sebbene tutti questi esercizi tendano a somigliarsi, ognuno ha uno stile caratteristico (per esempio, in alcuni le cameriere indossano orecchie finte da coniglio o da gatto), ma ciò che li accomuna è il servizio offerto, considerato una performace alla quale il cliente può partecipare. A seconda di quanto si è disposti a spendere è possibile scattare delle fotografie ricordo con le cameriere, giocare con loro a carte o con i videogiochi oppure farsi fare un massaggio alle mani, ai piedi o *mimikaki*, ossia farsi pulire le orecchie – pratica considerata estremamente rilassante.

Gli *shitsuji kissa* (butler café) rappresentano la controparte dedicata a un pubblico femminile, *otome muke* (per fanciulle); il primo locale in questo stile è stato Swallowtail aperto nel 2005 a Otome Road, il quartiere *otaku* di Ikebukuro.

In questi bar i ragazzi sono vestiti da eleganti maggiordomi inglesi, accolgono le ragazze con i titoli *ojōsama* (termine usato per riferirsi a una ragazza ricca) e *ohimesama* (principessa) e servono loro il tè.

Nel tempo gli *shitsuji kissa* sono diventati celebri grazie agli appassionati di *yaoi*,[43] un genere *manga* che tratta relazioni omossessuali più o meno esplicite tra ragazzi e studenti.

HARAJUKU: LA MODA SULLA STRADA

Il quartiere di Tōkyō che in questi anni ebbe maggiore risonanza a livello internazionale fu Harajuku, dove una miriade di stili solo apparentemente uguali rappresentò una nuova frontiera di espressione per i giovani giapponesi e motivo di emulazione per gli stranieri. Nemmeno l'industria musicale occidentale restò indifferente di fronte alla vivace fucina di

43 Genere spesso indicato anche come BL (*Bōizu Rabu*, «boys' love») per il film *Bōizu Rabu* (*Boys Love* di Kotaro Terauchi, 2006).

idee e stili di Harajuku: l'album di Gwen Stefani *Love.Angel. Music.Baby.* (2004), ispirato proprio a quel quartiere, ebbe un successo incredibile. Stefani si contornò di un corpo di ballo di quattro ragazze, le Harajuku Girls, a ciascuna delle quali fu assegnato, in base alla propria fisionomia, un profumo differente appositamente creato. Il grande successo della Stefani ispirò altri artisti occidentali come, per esempio, Avril Lavigne che nel 2014 lanciò il singolo *Hello Kitty*, peraltro stroncato dalla critica.

Ciò che colpisce ancora oggi di tutti questi trend di Harajuku è la mancanza della connotazione sensuale che invece caratterizzava tutte le sottocategorie *gyaru*. Il genderless[44] divenne popolare ad Harajuku come continuazione di quella ricerca di innocenza tipica del *lolita*. Dal 2006 si iniziò a usare il termine *sōshuku danshi* (herbivore male) per indicare i giovani uomini privi di machismo che trattavano le donne da amiche e non come oggetti sessuali, mentre dal 2010 *jendāresu* (uomini genderless) diventò sinonimo di uomini che indossavano abiti unisex e make-up. Le figure più influenti del genderless nipponico sono state Sasaki Toman, Ryuchell, Nakayama Satsuki. Il successo di questo movimento era indice di una cert'aria di cambiamento: nel 2011 il Giappone votò le risoluzioni dell'ONU per porre fine a violenza e discriminazione nei confronti delle persone LGBTQ+, anche se, a tutt'oggi, il paese non ha una legge completa che garantisce i diritti delle minoranze sessuali, non consente il matrimonio fra persone dello stesso sesso e non riconosce a livello nazionale le certificazioni delle unioni civili, che pure ormai vengono rilasciate dalle autorità locali.

Ad Harajuku lo stile che rappresentò il passaggio al nuovo millennio fu il *decora* (da *decoration*): stile *kawaii* degli anni

---

44 Che non presenta caratteristiche definite sulla base del genere sessuale.

Ottanta reinterpretato in chiave più elaborata prendendo spunto dalla cantante Shinohara Tomoe, famosa per la sua personalità e il ricco senso del pop. Il *decora* si basava su schemi di colore blu e rosa e massicce quantità di decorazioni su tutto il corpo. Gli abiti passavano in secondo piano rispetto agli accessori a tema Hello Kitty, Strawberry Shortcake, The Smurfs e *Pokémon*, ai braccialetti che coprivano tutte le braccia, cerotti colorati sul ponte del naso e trucco con glitter e gemme adesive a forma di stella e cuore sotto gli occhi per dare un aspetto infantile e divertente.

Ad Harajuku nel 2004 aprì il negozio Spank! inizialmente come rivendita di seconda mano, e poi come laboratorio di stili che attirarono molti turisti. Gli autori erano Masuda Sebastian e Tabuchi Sayuri (it-girl)[45] che, rifacendosi all'estetica *kawaii* sui toni pastello degli anni Ottanta, idearono il *fairy kei*, basato su gonne con crinoline, felpe, stampe come stelle, pois, unicorni, cuori, scarpe Doc Martens e Mary Jane, colori dai toni tenui e il *pop kei*, basato sui colori sgargianti al posto dei toni pastello.

Masuda Sebastian è stato il più grande rappresentante della controcultura di Harajuku, oltre a essere una delle figure più influenti della cultura pop giapponese di tutti i tempi. Nel 1995 ha fondato il marchio 6%DOKIDOKI e ha formalizzato lo stile di Kyary Pamyu Pamyu, lavorando come art director al suo video musicale *PONPONPON* nel 2011. Nel 2015 ha aperto il Kawaii Monster Café, fulcro dell'esperienza immersiva dello spirito

45 Una persona alla moda e particolarmente coinvolgente.

di Harajuku, una sorta di discoteca surrealista con al centro una torta gigante dove venivano serviti cibi bizzarri durante le esibizioni delle Monster Girls, cinque ragazze mascotte con i costumi della stylist Misha Janette.[46]

Il macro-stile che unì numerose ragazze ad Harajuku fu il *girly* (femminile). Spesso indicato erroneamente come *larme kei*,[47] ha vari sottostili, dal più sobrio per andare in ufficio, a quello con richiami gotici o vintage.

Lo stile spettro più naturalistico e di grande successo fu il *mori kei*, ispirato alla vita nella foresta, semplice e rilassata. Nel 2009 la community *Mori Girl* raggiunse 35.000 persone, incentivando la pubblicazione di riviste e la creazione di brand specializzati come Wonder Rocket ad Harajuku. Il *mori girl* era caratterizzato da tessuti naturali dai colori neutri e da attività all'aria aperta come il campeggio o l'escursionismo, la raccolta di piante e fiori per produrre degli erbari.

Con le sue sottocategorie, dall'*hama kei* di ambientazione marina allo *yama kei* montano, al *natural kei*, basato sugli abiti oversize Marimekko, Laura Ashley e Sally Scott, il *mori girl* ha definito la cultura di massa: è diventato un archetipo dei film dello Studio Ghibli, come *Tonari no Totoro* (*Il mio vi-*

46 Il Kawaii Monster Café ha chiuso i battenti a causa del Covid-19.

47 Termine ideato dalla comunità internazionale per indicare uno stile femminile prendendo il nome dalla rivista giapponese *LARME* («lacrime» in francese). Per questo motivo, il *larme kei* in realtà non esiste come moda o categoria, ma è un'ispirazione definita «moda» esistente come tale solamente fuori dal Giappone.

cino Totoro, 1988) o *Karigurashi no Arrietty* (*Arrietty – Il mondo segreto sotto il pavimento*, 2010) e di *anime* come *Akage no An* (*Anna dai capelli rossi* di Takahata Isao, 1979), *Ai shōjo Porianna monogatari* (*Pollyanna* di Kusaba Kozō, 1986) e *Himitsu no Hanazono* (*Mary e il giardino dei misteri* di Kohanawa Tameo, 1991-1992).

FINE DELL'EPOCA D'ORO: TUTTO SI TRASFORMA

Nel 2017, Aoki Shoichi, fotografo e fondatore di *FRUiTS*, annunciò la chiusura della rivista spiegando che «non ci sono più ragazzi fichi da fotografare». Il magazine che aveva sostenuto per anni i giovani giapponesi eclettici chiuse i battenti segnando la fine dell'epoca d'oro di Harajuku, considerato all'unanimità il focolaio dello street style underground nipponico.

Il magnetismo del quartiere fu intorpidito dalla sovraesposizione e dall'eccessiva presenza dei *gaijin* che vi si riversavano in massa per imitare i giapponesi. Nel tempo Harajuku si trasformò in una sorta di Camden Town, una trappola per turisti satura di gadget e negozi «instagrammabili»: i giapponesi eccentrici cantati da Gwen Stefani all'inizio degli anni Duemila furono sostituiti da ragazze bianche vestite *lolita*. La maggior parte dei giovani giapponesi abbracciò il fast fashion per uniformarsi al normcore.[48] La presenza di marchi occidentali standardizzati come H&M e Forever21 nei quartieri della moda di Tōkyō rivelavano la preferenza dei consumatori per i capi simbolo della globalizzazione – i trend giapponesi, prima dell'arrivo del fast fashion, erano quasi tutti basati su

48 Tendenza della moda unisex caratterizzata da un abbigliamento dall'aspetto medio e senza pretese. Chi veste normcore non desidera distinguersi dagli altri mediante i vestiti.

marchi nipponici. L'omologazione portò a un appiattimento estetico, la cui palette predominante era sui toni del blu, grigio e cammello, colori neutri facilmente adattabili e che non esprimono personalità forti. Le nicchie dell'underground si fecero più nascoste: siti online come DropTokyo e Tokyo Fashion tentano ancora oggi di portarle alla luce.

All'inizio degli anni Duemila il disagio esistenziale giovanile trovò espressione attraverso la body modification[49] come retaggio della scena punk: nel romanzo *Hebi ni piasu* (*Serpenti e piercing* di Kanehara Hitomi, 2003), trasposto poi in versione cinematografia (*Snakes and earrings* di Ninagawa Yukio, 2008), la protagonista resta affascinata da un ragazzo tatuato, pieno di piercing e con la lingua biforcuta. Decide allora di fare un piercing alla lingua, con lo scopo di dividerla a poco a poco.

I giapponesi più giovani mostravano tutto il loro malessere, accentuandone i segnali esteriori come la pelle pallida e gli occhi gonfi e arrossati. Nello slang di 2channel venne coniato il termine *menhera* (mental health-er) per indicare stati depressivi, manie e traumi. Nei thread su questi argomenti gli utenti davano consigli in forma anonima su come compiere atti di autolesionismo soprattutto attraverso il *cutting*. Attraverso i popolarissimi siti BBS *menhera* entrò nel lessico quotidiano, indicando un preciso tipo di ragazza: bella, mentalmente instabile, fragile, ossessiva e con tendenza all'autolesionismo per fare fronte a sentimenti di disperazione e solitudine. Questo stereotipo femminile fu diffuso ulteriormente attraverso *anime, manga* e videogiochi, alimentando immaginari sociali e offrendo risorse simboliche all'auto-rap-

49 Insieme di pratiche atte a modificare deliberatamente il corpo umano senza una ragione medica.

presentazione. I *manga seinen*, in particolare, raccontavano di giovani donne autolesioniste, attraenti e indifese, in attesa di essere salvate dal protagonista maschile.

Il *manga* autobiografico *Menhera-chan*, pubblicato nel 2010 sul sito dall'allora quattordicenne Kotoha Koto (deceduta nel 2018 per cause sconosciute), narra la storia di una ragazzina delle scuole medie che incarna una variante di *menhera*, la *sad girl* che, per problemi scolastici, cade in una depressione che la allontana irrimediabilmente dalla società. Per certi versi si tratta di un *manga* di formazione e di denuncia al tempo stesso, che l'autrice ha voluto realizzare per dare visibilità a quanti in Giappone non possono esprimere il loro malessere: le malattie mentali nel Sol Levante continuano infatti a essere considerate tabù e ci si comporta come se non esistessero.

La *sad girl* combatte ansia, solitudine, scarsa autostima e disperazione, ossia l'*ikizurasa* (pain of living): sentimenti a cui i *millennial* giapponesi hanno dovuto fare fronte dopo il Decennio perduto a causa della disoccupazione, del bullismo, dei problemi familiari, dell'*hikikomori* trovando un rifugio nell'uso smodato di internet.

Un altro stereotipo nella narrazione *manga* del *menhera* è la *mad girl*: iperprotettiva, animata da una gelosia terrificante è ossessionata dal suo oggetto d'amore. Viene spesso ritratta con un'arma da taglio tra le mani – può essere violenta e il suo autolesionismo è una forma di manipolazione – e descritta intenta a fare stalking digitale per controllare le persone di cui è gelosa. La *mad girl* esprime anche tutto il disagio di un dualismo di genere dettato da una devozione totale e femminile all'amore e da una esplicitazione aggressiva e violenta tipicamente associata al carattere maschile.

Infine, esiste la declinazione detta *The cutie*, che trovò iniziale rappresentazione nel mondo della moda e divenne celebre grazie a Kyary Pamyu Pamyu e ai suoi abiti con stampe a tema horror con sangue e bulbi oculari. Nella seconda metà degli anni Dieci si coniugò con la sottocultura, in voga ancora oggi, *yami kawaii* che poneva forte enfasi sul tema della malattia mentale e della depressione (*yami* significa malato, oscuro) dando vita a uno stile fortemente espressivo in cui compaiono, scritte con toni pastello, parole come «voglio morire» o «ucciditi» e immagini che rimandano alla dipendenza da farmaci.

Lo *yami kawaii* nelle visual art si diffuse soprattutto grazie a Ezaki Bisuko che nel 2013 creò il personaggio *Menhera-chan*, da cui trasse un *manga* sulla community online di illustratori Pixiv. La trama narra di quattro scolarette che si trasformano in eroine della giustizia tagliandosi i polsi con un taglierino magico: sono tutte carine, con occhi grandi e accessori alla moda, portatrici di provocatori messaggi di morte e malattia mentale.

La *menhera* rappresenta sostanzialmente la problematicità della femminilità giapponese. Da una parte c'è il peso della tradizione fatta di sottomissione, silenzio, devozione disinteressata, tutte virtù che accrescono la desiderabilità delle ragazze come oggetto di consumo affettivo. Dall'altra ci sono i tumulti interiori che vivono e che devono costantemente autocensurare per apparire in società come belle, ordinate e rispettabili. È il loro profondo paradosso, che può sfociare in gesti avventati, ma sempre di denuncia: la *menhera* non si taglia quasi mai per uccidersi, dando così spazio alla versione stereotipata dell'autolesionismo estetico.

Tramite TikTok, infine, divenne popolare tra i ragazzi e le ragazze tra i tredici e i sedici anni il *jirai kei* (*landmine-type*): nato come una sfida di make-up lanciata su YouTube, successivamente divenne una sottocultura in qualche modo legata a temi inquietanti come il binge drinking e anche la prostituzione, in un periodo che registrava un aumento dei casi di autolesionismo, di suicidi, di alcolismo e tabagismo tra i minorenni.

OLTRE LA ROMANTICIZZAZIONE

Alla fine del 2019, la linea che demarcava l'estetizzazione delle problematiche sociali e la valutazione del loro effettivo pericolo era molto sottile: sebbene agli occhi dei turisti il Giappone era il «paese più bello del mondo», i problemi sociali erano pesanti ed evidenti. Gli osservatori esteri più attenti riscontrarono una certa dissonanza tra il caleidoscopico luna park messo in scena e lo stile di vita delle persone, soprattutto fuori dai grandi centri, dove vivevano in agglomerati spesso fatiscenti. E le strade affollate o i vagoni della metropolitana si riempivano di persone ubriache o addormentate sul ciglio della strada.

Mentre in Occidente alcuni cercavano l'anonimato nel caos della rete facendo ghosting,[50] in Giappone molte persone praticavano *johatsu* nella vita reale: sparivano senza lasciare traccia. Gli «evaporati» erano e sono ancora oggi i cittadini giapponesi che spariscono nel nulla senza lasciare informazioni nemmeno ad amici o parenti per fare tabula rasa della propria vita. Molti ricominciano da zero con un'altra identità rifugiandosi in luoghi remoti, altri cercano l'anonimato nelle grandi città. Sanya è l'area più povera della capitale, il quartiere dove molte di queste persone si rifugiano. Qui durante il periodo Edo i lavoratori precari trovavano riparo nei *kichinyado* (alloggi economici). Dopo la seconda guerra mondiale ospitò le tendopoli e, successivamente, gli

50 Pratica che consiste nell'interrompere all'improvviso comunicazioni e contatti online senza dare spiegazioni o lasciare tracce.

hiyatoi rōdōsha, i lavoratori a giornata che avevano contribuito a edificare i simboli del Giappone moderno (come la metropolitana e la Tōkyō Tower). Circa quarant'anni fa Sanya è stata eliminata dalle mappe e dalle cartine geografiche, e oggi è divisa nei distretti Kiyokawa e Zutsumi che offrono rifugio ai senzatetto, a chi vive del sussidio di disoccupazione, a persone con disabilità estromesse dai processi produttivi e... a moltissimi «evaporati».

Negli ultimi anni erano spaventosamente aumentati i NEET, giovani che non studiano, non lavorano e non hanno una formazione adeguata, così come anche i *furītā* (*freeter*), ragazzi alla ricerca di lavori precari che consentano loro di mantenersi senza perdere la libertà, in forte contrasto con l'etica nipponica sul lavoro. Moltissimi giovani giapponesi provavano un profondo disincanto verso il mondo adulto dell'istruzione e dell'impiego, consapevoli che la tanto agognata laurea non dava più garanzie. La maggior parte non aspirava più a diventare un lavoratore dipendente, perché quel che prima era considerato una garanzia di stabilità veniva ormai vissuto come un sinonimo di una vita fatta di stress, di servilismo e fatica. Molti ragazzi erano senza fissa dimora e trascorrevano le notti nei *manga kissa* (*manga* café), dove potevano farsi una doccia e ottenere una coperta a un prezzo inferiore rispetto ai *kapuseru hoteru* (capsule hotel). Erano dei veri e propri invisibili, privi di qualsiasi programma assistenziale poiché non comparivano nei censimenti sui senzatetto, dove venivano conteggiati solo quanti dormivano sui marciapiedi, nei parchi o nelle baracche.

La letteratura, ancora una volta, si fece portavoce del proprio tempo attraverso una serie di giovani scrittori di grande talento, idealmente eredi di Murakami Ryū. In *Insutōru* (*Install*, 2001) Wataya Risa descrive l'abbandono della vita sociale da parte di un'adolescente e di un bambino e del loro rifugio nelle chat online. *Jisatsu no kuni* (*Il paese dei suicidi*, 2012) è l'emblematico titolo del romanzo di Yū Miri, testimonianza eloquente che la situazione giovanile non era poi così tanto cambiata rispetto al Decennio perduto: la giovane Mone vive in una famiglia emotivamente distante e non ha vere amicizie. Si rifugia su internet, dove scopre una chat che promuove il suicidio collettivo. Con *Doll* (2015) Yamashita Hiroka conduce il lettore nel mondo delle bambole *hentai*, un argomento già presentato in chiave romantica con *Chobittsu* (*Chobits* delle CLAMP, 2000-2002) ma qui trattato con maggiore incisività.

Il 30 aprile 2019 l'era Heisei giunse al termine con l'abdicazione dell'imperatore Hirohito. Nonostante i *gaijin* avessero la percezione del Giappone come di un paese forte, all'avanguardia e ricco, sebbene l'economia avesse dato dei piccoli segnali di ripresa anche grazie al turismo, le questioni sociali restavano un grande problema irrisolto.

Di lì a poco il paese si sarebbe schiantato contro una situazione di portata globale che proprio nessuno si sarebbe mai aspettato: il Covid-19. ■

IN CONTINUO CONFRONTO

•

ERA REIWA
(2019-IN CORSO)

L'Era Reiwa (bella armonia) ha avuto inizio il 1° maggio 2019 con l'ascesa al trono del principe Naruhito, figlio dell'imperatore Akihito. Nonostante il nome benaugurante, il Giappone ha dovuto confrontarsi da subito con numerosi problemi, soprattutto di politica internazionale. Primo fra questi l'insorgere di una guerra commerciale con la Corea del Sud, che ha incrinato notevolmente i rapporti tra le due nazioni, già storicamente fragili. Nel 2018 la Corte Suprema di Seul aveva condannato le società giapponesi Mitsubishi Heavy Industries e Nippon Steel a risarcire le vittime sudcoreane costrette ai lavori forzati nelle loro fabbriche tra il 1910 e il 1945. Il Giappone, considerando chiusa la questione dei risarcimenti con l'accordo del 2015,[1] reagì duramente imponendo dei controlli sull'esportazione in Corea di sostanze chimiche necessarie per la fabbricazione di microchip.

Queste tensioni economiche, in realtà, non erano soltanto la manifestazione di rivendicazioni storiche, bensì il segnale di un nuovo posizionamento della Corea del Sud sullo scacchiere internazionale. Grazie agli aiuti statunitensi e al boom dell'industria tecnologica con marchi come Samsung, Hyundai e LG, fin dagli anni Duemila la Corea del Sud aveva reclamato il suo posto fra le maggiori potenze globali.

1 Che prevedeva le scuse formali del Giappone e la costituzione di un fondo per i risarcimenti.

Parallelamente, il governo di Seul aveva cominciato a promuovere un'identità coreana facilmente esportabile, con investimenti ingenti nell'industria dell'intrattenimento, profilando la Hallyu (*korean wave*): il fenomeno culturale della cultura pop coreana fatta di k-drama, k-pop, cinema e musica. Una vera e propria ondata, come dice la parola stessa, che nel giro di pochi anni investì il mondo intero producendo risultati molto simili a quello che il Cool Japan aveva realizzato poco tempo prima. Nel Sol Levante la Hallyu si assestò come moda nel tessuto sociale nel corso di tre frasi: all'inizio degli anni Duemila con i k-drama (*Winter Sonata*, 2002, ebbe particolare successo), tra il 2010 e il 2015 con gruppi k-pop come Super Junior, TVXQ e Kara, e infine dal 2015 in poi con BTS, Seventeen e TWICE.

I prodotti coreani furono concepiti fin dal principio per intrattenere il pubblico di tutto il mondo (molti idol cantano infatti in inglese), affascinando sia la fascia più giovane della società giapponese sia quella femminile di mezza età.[2] In un contesto nipponico dominato dagli uomini, dove *anime* e *manga* riflettevano il loro modo di vedere la donna e la società, molte signore percepirono la Hallyu come un'alternativa al maschilismo imperante e uno strumento per affermare i propri gusti personali. Le cosiddette «mamme Hallyu» cominciarono a educare i loro figli al rispetto e alla neutralità verso il popolo coreano, in un momento in cui la politica interna si schierava nettamente contro la korean wave sfruttando anche elementi della cultura di massa come i *manga*. Un esempio è *Nerima Daikon Brothers* (Oroshitate Myūjikaru Nerima Daikon Burazāzu, 2004-2005) che ironizza pesantemente sugli *zaini-*

2 Perfino le ex first lady Abe Akie (moglie di Abe Shinzō) e Hatoyama Miyuki (moglie di Hatoyama Yukio) mostrarono simpatia per la Corea del Sud, sostenendo l'importanza dei buoni rapporti con essa.

chi (la popolazione coreana in Giappone) e sulla loro mania di ricorrere alla chirurgia estetica per sembrare idol del k-pop. Per non parlare delle espressioni anti-coreane scatenate dal *manga Hating the Korean Wave*, マンガ嫌韓流, 2005, con il tacito sostegno, sembra, del primo ministro Abe Shinzō.

Si profilò così una netta spaccatura nell'opinione pubblica, ma, soprattutto, tra l'agenda politica e i sentimenti popolari, specie fra i più giovani. I ragazzi smisero di guardare la televisione nazionale, considerata monopolio della destra nazionalista. Loro non si sentivano coinvolti nei rapporti controversi con la Corea del Sud come i genitori o i nonni: non si sentivano patrioti e avevano una visione positiva della penisola sud coreana.

LOST IN IMMUNIZATION

Oltre ai rapporti conflittuali con la Corea del Sud, l'«era dell'armonia» venne smentita o quantomeno messa in dubbio dalla pandemia che ha cambiato non solo il Giappone, ma il mondo intero, tenendolo in sospeso per quasi tre anni.

Il governo giapponese confermò il primo caso di Covid nel gennaio del 2020, nell'aprile dello stesso anno proclamò lo stato di emergenza e la campagna vaccinale iniziò nel febbraio del 2021, decisamente più tardi rispetto agli altri paesi industrializzati, che non mancarono di manifestare le loro critiche. Da una parte il governo agì come se volesse proteggere i cittadini da sperimentazioni cliniche, dall'altro la popolazione, fortemente delusa dalla classe politica, mostrò un atteggiamento di sospetto e di sfiducia verso il vaccino e le terapie. Anche molti giapponesi residenti all'estero rifiutarono a lungo di farsi vaccinare, per nulla convinti della buona fede dei governi quali che fossero.

Tōkyō fu la prefettura maggiormente colpita dalla pandemia ma, in generale, il tasso di mortalità in Giappone fu tra i più bassi del mondo, nonostante l'età media elevata della popolazione. Questo perché nel Sol Levante sono da sempre radicate abitudini culturali che hanno rallentato la diffusione del virus, come l'uso delle mascherine, il lavarsi spesso le mani con il disinfettante e l'inchino al posto della stretta di mano o del bacio sulle guance. Per quanto riguarda le misure di contenimento, il governo adottò le stesse strategie del mondo occidentale come la didattica a distanza, lo smart working e una drastica riduzione del pendolarismo.

Per la prima volta dal periodo Edo, il Giappone chiuse nuovamente i propri confini agli stranieri. Chissà, forse, finalmente, dopo anni di iniezioni mastodontiche di stranieri da tutto il mondo, il Giappone smise di essere una grande Venezia, un luogo dove gli abitanti faticavano a muoversi per andare a lavorare o fare la spesa, mentre i turisti pensavano di trovarsi in un immenso luna park.

Ho visitato il Giappone, vi accompagno gruppi di appassionati, e non posso fare a meno di notare con quanto poco rispetto verso l'etichetta comportamentale del luogo molti stranieri si muovono in un paese così diverso dal loro, parlando ad alta voce sui mezzi pubblici, scattando fotografie senza chiedere il permesso a persone che finiscono per diventare meri trofei da sfoggiare sui social. Dall'apertura al turismo di massa al Giappone preda del turismo di massa il passo è brevissimo e negli anni la situazione, da questo punto di vista, è andata peggiorando. Prima della pandemia il Giappone per molti stranieri rappresentava «un altro paese visitato», un'altra bandiera da spuntare tra gli emoji.

Durante la pandemia molte persone trascorsero tanto tempo su YouTube, osservando le dirette streaming dell'incrocio di Shibuya, deserto come forse non è mai stato rappresentato nemmeno in un film apocalittico. In una città come Tōkyō, dove qualsiasi cosa è considerata vintage dopo soli sei mesi, ci si domandava quanti negozi o ristoranti avrebbero chiuso per sempre. Persino le Olimpiadi furono rimandate all'infinito.

Il periodo di isolamento fu lungo e caratterizzato da giornate uguali. Tutto quel tempo libero offrì, in Giappone come altrove, la possibilità di concentrarsi su attività che solitamente sono disturbate dalla frenesia del quotidiano, come la lettura. Il lockdown coincise con la riscoperta della letteratura giapponese contemporanea, capitanata da donne decisamente impavide. Queste scrittrici, in realtà, si erano già distinte negli anni precedenti per romanzi e racconti molto crudi, ma proprio durante il Covid-19 alcune case editrici italiane si attivarono per la traduzione delle loro opere.

Più che di femminismo (parola tornata di gran moda), rispetto a questo nuovo corso letterario, io credo che sarebbe meglio parlare di realismo: se negli anni Novanta la letteratura giapponese ha ritratto la donna in maniera «ideale» (basti pensare alle descrizioni femminili di Murakami Haruki) o «ermetica» (Yoshimoto Banana) ricamando un mondo ovattato, gli anni Duemila sono stati decisamente di rottura. Le donne hanno preso possesso della realtà, ritraendola senza fronzoli e senza patetismi. Come scrittrici, hanno affermato la loro arte e la loro personalità prendendo le distanze dalla letteratura dei decenni precedenti, simboleggiata dal «mostro sacro» Murakami Haruki, che Kirino Natsuo, per esempio, ha definito «internazionale» (e per questo forse meno giapponese), mentre Kawakami Mieko ne ha sottolineato il ruolo meramente accessorio dei personaggi femminili.

La letteratura giapponese gode dunque di ottima salute ed è anche il vessillo di un nuovo corso: i ruoli sociali sono ancora rigidi, ma è indubbio che si stia facendo largo una nuova coscienza.

Le donne dei romanzi della Kirino si muovono in scenari soffocanti, da cui evadono attraverso l'omicidio come in *Out* (*Le quattro casalinghe di Tokyo*, 1997), oppure, come in グロテスク (*Grotesque*, 2003), vagano alla deriva, fregate da una società che le imbruttisce sotto tutti gli aspetti.

Le protagoniste della Kawakami sono tra le più spietate nel loro desiderio di autoaffermarsi: in *Natsu Monogatari* (*Seni e uova*, 2019) una donna desidera migliorare l'aspetto estetico del proprio corpo senza che sia un uomo la molla del cambiamento, un'altra vuole un figlio, ma sempre senza bisogno di un uomo, in *Hevun* (*Heaven*, 2009), indaga l'amicizia come argine al bullismo scolastico.

Kawakami Mieko ha un'incisività particolare, che le deriva dal suo passato di cui non fa mistero: prima di dedicarsi alla letteratura e alla poesia, ha lavorato in fabbrica, come *hostess* di bar, commessa di libreria e cantante *J-pop*.

Oyamada Hiroko è la parentesi kafkiana: i suoi romanzi hanno la capacità di condurre il lettore in atmosfere ai limiti del paradosso in cui immerge i suoi protagonisti, soprattutto giovani. *Kōjō* (*La fabbrica*, 2013) descrive un mondo del lavoro alienante, dove nemmeno i famigerati contratti a tempo indeterminato significano qualcosa. In *Ana* (*La buca*, 2014), la protagonista si sottrae a una vita triste e monotona cadendo in una buca dove comincerà a vagare, simbolo di una giovane donna del Giappone moderno, alla ricerca di un suo posto nel mondo.

Sayaka Murata è la scrittrice psicologicamente più coinvolgente: il suo grande talento è quello di usare il paradosso macabro e grottesco per svelare scenari per nulla lontani dalla realtà. In *Konbini ningen* (*La ragazza del Convenience store*, 2016) i famosi supermercati aperti 24/h diventano una metafora paralizzante del lavoro e della vita, in *Seimeishiki* (*La cerimonia della vita*, 2019) infrange i tabù sociali come il cannibalismo, che viene ripreso anche in *Chikyūseijin* (*I terrestri*, 2018), dove il trauma infantile apre le possibilità a qualsiasi tipo di evasione mentale per proteggersi.

Durante il lockdown ho visto e rivisto i film d'animazione del regista Shinkai Makoto. Perfezionista, artista completo, nelle sue opere Shinkai indaga i rapporti umani e la loro trasformazione attraverso l'ambiente in cui si muovono i suoi protagonisti. La presenza dell'elemento scientifico o fantascientifico, gli scenari realistici (realmente esistenti) e iper dettagliati, gli agenti atmosferici utilizzati per trasmettere situazioni e stati d'animo, il *mono no aware* (la consapevolezza della caducità delle cose) concorrono tutti a una rappresentazione intensificata della realtà.

La sua opera più importante, a mio avviso, è 君の名は。(*Your name*, 2016): un lungometraggio su uno scambio di identità fra due ragazzi di una bellezza potentissima, commovente e stilisticamente perfetto, che guardo ogni volta con lo stesso stupore incantato. Il suo ultimo film, すずめの戸締まり (*Suzume*) è uscito nel 2022 nel momento in cui il cinema versava nella crisi peggiore di sempre, ed è riuscito a riportare il pubblico in sala.

Shinkai Makoto è il regista di animazione che preferisco in questo momento, perché sa raggiungere delle vette di perfezione stilistica nella tecnica, nella narrazione e nel pathos come nessuno al giorno d'oggi. Molti lo considerano «il figlio» di Miyazaki, però secondo me sono due autori molto diversi: Shinkai è molto più ancorato al reale di quanto non sembri, nelle sue opere il fantastico è strumentale alla comprensione del qui e ora di questa epoca storica. Le sue non sono fiabe ma porte aperte su un Giappone che si sta definendo proprio adesso, e che lui è in grado di descrivere come forse nessuno altro.

APERTURA DEI CONFINI: TIKTOK E *GAIJIN* FUORI CONTROLLO

La riapertura dei confini del Giappone agli stranieri è avvenuta nell'ottobre 2022, tre mesi dopo un evento che ha scioccato la nazione intera e l'opinione pubblica mondiale: l'assassinio di Abe Shinzō l'8 luglio 2022, durante un comizio elettorale. L'ex primo ministro appartenente all'ala più nazionalista e conservatrice del partito liberal democratico, l'uomo politicamente più longevo del Giappone post bellico che aveva governato per dieci anni nell'ultimo ventennio, venne ucciso dai colpi di un'arma da fuoco esplosi dall'ex militare Yamagami Tetsuya.[3] Era la fine di un'epoca.

Con uno yen più debole che mai, nonostante l'intervento straordinario della Banca del Giappone per tentare di risollevarlo, il primo ministro Kishida Fumio ha nuovamente puntato sul turismo per risollevare l'economia dell'intero paese.

A ridosso dell'apertura dei confini del Giappone (buon ultimo rispetto agli altri stati), sui social online successe qualcosa di molto singolare. La Corea del Sud aveva riaperto al turismo da tempo e la maggior parte dei turisti occidentali si stava riversando a Seul come mai era accaduto prima (com-

3 Interrogato, Yamagami disse di aver agito spinto dal rancore verso la Chiesa dell'Unificazione, un gruppo religioso settario di origine coreana diffuso in tutto il mondo, che aveva manipolato sua madre portandola alla rovina e che, a suo dire, era collegata ad Abe.

plice ovviamente la korean wave), ma all'improvviso si verificò un drastico cambio di rotta. TikTok, social nato durante la pandemia e che ha avuto la capacità di rendere virale qualsiasi tipo di contenuto, è stato letteralmente invaso da video sul Giappone. Se prima del Covid un argomento sui social diventava «tema» nell'arco di qualche giorno, con TikTok qualsiasi cosa diventa oggetto di interesse per milioni di utenti in tutto il mondo dopo qualche minuto. I video della durata di qualche secondo dove le informazioni, sempre le stesse, sono condensate al minimo nel 2022 sono diventati i più seguiti e commentati del web. Una vera e propria mania, quella di TikTok, che ha reso l'informazione in pillole ancora più stringata. Quando il Giappone ha annunciato di aprire i confini, questa notizia divenne esattamente il tema dell'hype in Occidente. Nell'arco di pochi giorni sono stati creati centinaia di video simili che mostravano i vari aspetti del Giappone (dal cibo alle città, alla natura), suscitando una vera e propria ossessione anche in chi non si era mai minimamente interessato a questo argomento. Così, migliaia di turisti occidentali si sono riversati in Giappone: scorrendo i contenuti sui vari social, sembrava che l'Italia e gli Stati Uniti avessero letteralmente invaso il Sol Levante. Fu un evento imparagonabile.

COSA È CAMBIATO

Io sono tornata in Giappone a fine maggio 2023, un periodo scelto con criterio per evitare la prima ondata di turisti stranieri e per cercare di capire quanto il Sol Levante fosse cambiato dopo l'isolamento. Purtroppo ho trovato un popolo messo a dura prova dall'atteggiamento dei *gaijin*. Se fino al periodo precedente alla chiusura i giapponesi avevano sopportato comportamenti in pieno contrasto rispetto al loro galateo, adesso erano esasperati al punto che all'entrata di alcuni negozi mi è capitato di trovare grossi cartelli che invitavano i turisti a usare maggiore rispetto verso persone e oggetti, così come ho visto intervenire la polizia giapponese per riportare l'ordine.

Secondo l'obiettivo del premier Kishida, il Giappone dovrebbe ospitare circa sessanta milioni di visitatori stranieri entro il 2030. Un numero importante spalmato su un periodo di tempo non così lungo e che spaventa quanto più la situazione sembra già fuori controllo.

Superato questo primo impatto traumatico, il Giappone mi è apparso «nascosto». Molte situazioni che fino a qualche anno fa erano visibili alla luce del sole adesso mi paiono defilate, quasi a evitare che proprio i *gaijin* diano fastidio scattando fotografie o girando video che finiscano per mettere il Giappone sotto una cattiva luce. Per esempio, le ragazze che facevano volantinaggio a Shibuya o Akihabara sono ormai praticamente scomparse, proprio perché in passato erano state oggetto di servizi televisivi occidentali che criticavano certi aspetti della società nipponica. Le realtà più sommerse, invece, sembrano resistere senza problemi, come i negozi di *burusera* (in uno di questi, tra la merce in vendita, ho persino trovato uno zainetto di una bambina delle scuole primarie), o i più vecchi *meido kafe,* ancora frequentati esclusivamente da *otaku* e *sararīman*.

Lungo le vie laterali delle strade principali è possibile scorgere parecchi senzatetto giapponesi (in relazione alla situazione del nostro paese sembrano un numero irrisorio ma rispetto alla norma nel Sol Levante sono davvero numerosi), soprattutto anziani, piegati dal malessere fisico e dalla povertà. I centri dello shopping sembrano frequentati più dalle chiassose *gaijin gyaru* che da ragazze giapponesi all'ultima moda, a parte qualche malinconica *sweet lolita* nei pressi di Laforet o *jirai kei* a *Takeshita Dōri*, ormai vero e proprio circo turistico dove le giapponesi si rifugiano solo per fare *purikura*.

でカー

Nell'abbigliamento prevale la tendenza a utilizzare colori neutri: beige, marrone chiaro, bianco o nero, per creare degli outfit piuttosto basici. Se le ragazze più grandi indossano scarpe kitten heel o con tacco e plateau in finta pelle dall'altezza vertiginosa, le più giovani arricchiscono gli indumenti con fiocchi, cuori con strass, pizzi e merletti sintetici: una sorta di evoluzione del *jirai kei* decisamente meno inquietante. I ragazzi invece hanno adottato uno stile più occidentale, metropolitano, che strizza l'occhio allo streetwear. Capelli perfettamente in ordine, accessori non pacchiani e atteggiamento spavaldo verso le turiste interessate.

'Penso che le nuove tendenze debbano assestarsi, credo che sia passato troppo poco tempo rispetto a quando anche

i giapponesi, come tutti noi, vivevano chiusi in casa con tute e abbigliamento comodo acquistato online. Al momento ci sono alcuni segni di evoluzione di tendenze, ma non è ancora possibile registrare qualcosa di più delineato. Anche le riviste di moda non sono molto chiare sotto questo aspetto: esiste una convivenza di stili del passato (principalmente *mori kei* in tartan e *lolita*), mentre nelle librerie come Kinokuniya o Tsutaya aumentano significativamente volumi di moda giapponese con editoriali che presentano esclusivamente modelle *hāfu* o straniere. Lo stesso vale anche per magazine storici come *CanCam*. Sempre più piede prende anche la korean wave attraverso consigli di cosmetici di chiara ispirazione su-

LIZ LISA
TAX FREE

dcoreana, presentazione di *aidoru* in pieno stile genderless e in pose delicate (come in Corea del Sud, i ragazzi sono pesantemente truccati e con un abbigliamento nei toni del rosa o dell'azzurro). Oggi si dà molta attenzione anche alla moda di Ōsaka (dove troneggiano capi over, denim su denim, animalier), ai mix di marchi giapponesi e stranieri di fast fashion (Egoist, LIZ LISA, Amavel convivono di fianco a Shein e H&M) e, soprattutto, ai consigli per dimagrire e alla chirurgia. Servizi consistenti sono dedicati a farmaci in pillole e a cliniche estetiche con interviste a esperti del settore o a ragazze entusiaste dei risultati raggiunti.

Egg è tornato su TikTok con l'account @eggtok, seguendo il trend del marketing della Nostalgia. Sebbene avesse chiuso i battenti nel 2016, è nuovamente disponibile la rivista *Nuts* (ex *Happie Nuts*) dedicata allo stile *oneh gal* (sorella maggiore), ossia le *gyaru* con la pelle scura. Nuts Mates, sensuali modelle, danno consigli sull'abbigliamento o sui club alla moda, proprio come faceva *Koakuma Ageha*, la famosissima rivista strettamente legata alla cultura delle *hostess*. E a proposito di divertimento notturno, mai come in quest'ultimo periodo mi è capitato di vedere così tanti *host* per la strada, anche in quartieri insospettabili, come Pontochō, o nei dintorni di Gion a Kyoto, gli stessi quartieri dove la serie 舞妓さんちのまかないさん (*The Makanai: Cooking for the Maiko House* di Kore-eda Hirokazu, 2023) mostra una quotidianità incantata, cristallizzata nella poesia. Le stesse vie in cui i turisti si accalcano per fotografare donne in *kimono* senza rendersi conto che in realtà sono ragazze cinesi che hanno affittato degli abiti tradizionali per farsi fotografare.

Pare proprio che il mondo dei magazine non parli più ai giovani giapponesi, bensì alla Generazione Z occidentale: la moda di strada mostrata negli editoriali sembra fare l'occhiolino ai *gaijin* che verranno a interpretarla in Giappone,

piuttosto che riflettere lo stile dei locali. E in effetti, girando per i quartieri storicamente deputati alla moda di strada, oggi si vedono soprattutto stranieri agghindati come se fosse carnevale piuttosto che giapponesi. Una deriva accentuata in modo massiccio dai social.

A osservare con attenzione la realtà quotidiana, andando oltre le centinaia di video in stile «Cosa ho comprato al *konbini*», ci si rende conto che in quei supermarket così iconici nonché attenti e disponibili alle esigenze altrui (fra l'altro sono aperti giorno e notte), oggi ci lavorano quasi esclusivamente impiegati stranieri. Un tempo il *konbini* rappresentava l'ingresso nel mondo del lavoro dei giovani studenti giapponesi, adesso evidentemente appare come un impiego poco redditizio e non adeguato dal punto di vista dello status sociale. Lo stesso vale per il volantinaggio per strada, un tempo appannaggio di ragazze in *cosplay*. Nelle zone dei locali dove si beve, si nota la presenza di spacciatori, evidentemente tollerati, che sollevano nello spettatore un grosso interrogativo: venderanno la loro roba ai giapponesi o agli occidentali di passaggio? Chissà, forse l'accoglienza implica anche questo.

Prima della pandemia uno scenario del genere avrebbe gettato molti turisti stranieri in una variante occidentale della Sindrome di Parigi[4] di stampo nipponico. Mi è capitato spesso, infatti, di sentire resoconti carichi di stupore di persone che hanno viaggiato in Giappone per la prima volta: a forza di guardare contenuti online dove tutto era invitante e perfetto, avevano idealizzato il paese in cui erano in procinto di andare. E, una volta arrivati nel Sol Levante, si sono sentiti straniati assistendo alla quotidianità di un paese con evidenti contraddizioni. Ma forse oggi non si fa nemmeno più caso a questo, moltissime persone non si soffermano a cogliere i dettagli. La realtà è vista attraverso la lente di un telefono cellulare e, prima ancora di scattare o registrare, si sta già pensando a come tagliare, photoshoppare, rendere gradevole il soggetto, uguale e conforme a migliaia di altri contenuti nella rete che, alla fine, sono totalmente svuotati di significato.

Si continua a celebrare la retorica del «Giappone come paese del futuro», quando invece non ci si rende conto che il Sol Levante si è fermato. A causa della pandemia, delle crisi economiche e dell'annoso problema demografico, il Giappone non è più al centro del mondo per i prodotti tecnologici o per le sue «stranezze». Queste ultime sono ormai un puro espediente per creare engagement: negli ultimi anni abbia-

---

4 La Sindrome di Parigi è una patologia psicosomatica che affligge i turisti giapponesi che vengono in visita a Parigi. I turisti giapponesi manifestano un profondo senso di delusione, ansia e addirittura allucinazione a causa della frustrazione causata dall'idealizzazione della capitale francese maturata in patria e dell'effettiva visione di cui prendono atto durante la vacanza.

mo assistito a un exploit di informazioni talmente smisurato sul Giappone che ormai tutti ne conoscono le peculiarità, che non fanno più scalpore.

La grandezza del Giappone nel corso dei decenni è riecheggiata nei prodotti occidentali, in parte come motore di promozione, in parte come tributo sincero a uno dei paesi più affascinanti del mondo. Da *Big in Japan* degli Alphaville a *Viaggio al centro del mondo* degli 883, la grandezza del Sol Levante è sempre stata raccontata, cantata e citata. Alla fine degli anni Novanta proprio gli 883 erano stati in Giappone per realizzare il mini documentario *Sabatokyo*. In quell'occasione registrarono un iconico video proprio a Tōkyō, antesignano dei vlog che sarebbero arrivati anni dopo su YouTube. Oggi quell'entusiasmo genuino è stato sostituito dall'ansia della performance: il «centro del mondo» è diventato un simulacro per soddisfare appetiti narcisistici.

UNA PROSPETTIVA

I compromessi fanno parte della storia del Giappone fin dagli esordi della sua storia moderna. Alex Kerr, che nel Sol Levante ci ha vissuto per oltre trent'anni, sosteneva che il Giappone fosse come un'ostrica che non ama i corpi estranei: se vi entra un granello di sabbia (un corpo esterno), la madreperla (il Giappone) lo ricopre formando una bellissima perla giapponese. Kerr pubblicò questa e altre dissertazioni in *Lost Japan* (*La bellezza del Giappone segreto*) nel 1993, preoccupato per la scomparsa del «vero Giappone» sotto i colpi efferati della contemporaneità. Volgendo il nostro sguardo lungo tutta la storia moderna di questo paese, a mio avviso, è possibile ritrovare questo timore rispetto a ogni singola epoca e, ogni volta, riconosciamo che la scelta del Giappone è sempre quella di inglobare «materiale esterno» e tramutarlo in qualcosa di proprio. Persino nell'ermetico periodo Edo il Sol Levante ha elevato ad arte pratiche che oggi sono a tutti gli effetti giapponesi, come per esempio la cerimonia del tè, ma che in realtà sono di origine straniera, in questo caso cinese.

Sento spesso dire che il Giappone non ha inventato nulla, credo sia un rigurgito della presunzione occidentale. Si tende sempre a ragionare per produzione di beni, perdendo però di vista il fatto che esistono anche atteggiamenti, oggetti non materiali. Come sostiene da anni la scrittrice nipponista Stefania Viti: «il Giappone si pratica». È così che i giapponesi intendono il loro rigore di vita ed è così che, secondo me, bisognerebbe avvicinarvisi.

Lo confesso: io sono del parere che il Giappone non sia un paese per tutti. Ogni volta che qualcuno mi domanda perché non mi decido a trasferirmici, la mia risposta è sempre la stessa: ormai sono troppo grande perché il mio carattere possa essere plasmato per convivere con la rigidità e la pressione sociale tipiche del Giappone. Credo che per un occidentale il modo più facile per mostrare amore per questo paese sia quello di visitarlo con rispetto (come tra l'altro bisognerebbe fare sempre e ovunque) e poi tornare a casa propria. Nonostante ciò, ammiro amici e colleghi che sono riusciti a trasferirsi: la verità è che la paura di arrivare a detestare il mio luogo preferito mi ha fatto desistere per tutta la vita. In fondo innamorarsi è anche questo: arrivare a riconoscere ciò che non piace del proprio oggetto d'amore e imparare a conviverci, con le dovute distanze qualora sia meglio mantenerle.

Io guardo al Giappone con profondo disincanto cercando di non avere una visione deformata della realtà, perché solo così è possibile metterlo nella giusta prospettiva: non è il paese migliore del mondo e nemmeno il peggiore, è quello intellettualmente e artisticamente più stimolante, oltre a essere quello con cui ho un reale rapporto viscerale. È l'unico posto al mondo in cui mi sento a «casa», termine che implica una moltitudine di significati anche contrastanti giacché non per tutti casa è un luogo felice e sicuro. Il Giappone è un luogo estremamente complesso dove la forma è il contenuto, con ciò che ne consegue.

Vi ringrazio per essere arrivati alla fine di questo libro. Credo che questo sia stato il lavoro più personale che abbia mai portato a termine, sebbene in realtà non esiste una vera e propria conclusione dal momento che il Giappone non si smette mai di praticarlo. Mi auguro di non avervi annoiato, semmai interessato e coinvolto nelle mie digressioni sociali e storiche. Spero di non avere urtato la sensibilità di nessuno e di avervi accompagnato per mano al *kokoro* del Giappone, dove il pop e il disincanto camminano insieme delineando un paese inafferrabile e immaginifico. ■

RINGRAZIAMENTI

Questo libro è il risultato di anni di studi, ricerche ma soprattutto passione. La stessa che a lungo molte persone hanno calpestato facendomi sentire inadeguata e non all'altezza dei loro modelli di vita. Per questo motivo voglio ringraziare tutti coloro che non mi hanno mai giudicata e che, invece, mi hanno sostenuta nel coltivare il mio grande amore per il Giappone.

Grazie a tutte le persone che hanno creduto in me e che hanno partecipato concretamente alla realizzazione di questo libro. Grazie a ognuno di voi per averlo letto e per l'affetto che quotidianamente mi dimostrate online e offline. Se ho raggiunto questo grande traguardo è anche grazie al vostro sostegno.

Takeshita Street
YOSHINOYA
OSドラッグ
コインロッカー
WOLFGANG PUCK EXPRESS
COFFEE
好評稼働中

GLOSSARIO

Adult girly (大人ガーリー): moda giapponese degli anni Duemila.

Aemono (和え物): piatti conditi con vari tipi di salsa.

Agejo (アゲジョ): sottogenere della moda *gyaru* degli anni Duemila.

Aidoru (アイドル): «idol». Adolescenti giapponesi estremamente popolari nel mondo dello spettacolo.

Agemono (揚げ物): piatti fritti.

Ajitama (味玉): uova barzotte marinate normalmente utilizzate per guarnire il *rāmen*.

Aka lolita: sottogenere non ufficiale della moda *lolita*.

Amekaji: «American casual». Stile di abbigliamento giapponese ispirato all'America.

Ametora: «American Traditional». Stile di abbigliamento giapponese che emula quello occidentale.

Amurā (アムラー): termine che indica lo stile della cantante Amuro Namie, copiato da molte ragazze giapponesi alla fine degli anni Novanta.

Ane (姐): sottogenere della moda *gyaru* degli anni Duemila.

Angura: «underground», ma anche teatro d'avanguardia.

Angura kei (アングラ): stile di abbigliamento ispirato al *J-Rock* e all'*eroguro*.

Ankake spaghetti: piatto giapponese tipico di Nagoya a base di spaghetti e una salsa di fagioli cinesi.

Anko (あんこ): confettura giapponese di fagioli rossi *azuki*.

Anmitsu (あんみつ): dessert giapponese con frutta sciroppata, *anko*, cubetti di gelatina e sciroppo di zucchero.

Anpan (あんパン): dolce giapponese consistente in un panino ripieno di *anko*.

Ariburei zuku: «tribù dell'earl breakfast».

Atarashi shimin shakai: «inizio di una nuova società civile».

Baburu keiri: «bolla economica» scoppiata in Giappone tra la fine degli anni Ottanta e l'inizio degli anni Novanta.

Bafuku (幕府): dittatura militare dello *shōgun*.

Bakumatsu (幕末): periodo che indica la fine del sistema feudale giapponese.

Banba (バンバ): sottogenere della moda *manba*.

Banzai (バンザイ): «evviva».

Bentō (弁当): contenitore con coperchio, tipico della cucina giapponese, adibito a trasportare e servire un pasto preparato solitamente in casa.

Bibinba (ビビンバ): sottogenere della moda *gyaru*.

Bīfusutēki (ビーフステーキ): piatto giapponese che consiste in una bistecca di manzo tagliata a fette spesse e grigliata a fuoco vivo.

Bihakukei (美白系): «stile bello e bianco».

Bimbo: termine gergale di lingua inglese per indicare lo stereotipo della «bionda stupida».

Bittersweet lolita: sottogenere della moda *lolita*.

B-key (B ギャル): sottogenere della moda *gyaru*.

Blaxploitation: film americani degli anni Settanta a basso costo con attori principalmente afroamericani.

Bodikon (ボディコン): «body conscious». Moda della seconda metà degli anni Ottanta.

Bohemian gyaru (ボヘミアン): sottogenere della moda *gyaru* degli anni Duemila.

Bunraku (文楽): teatro giapponese delle marionette accompagnato dalla recitazione del testo e musica prodotta con lo *shamisen*.

Borantia: «volontariato».

Borantia gannen: «era del volontariato».

Bōsōzoku (暴走族): «tribù della velocità sfrenata». Sottocultura giapponese legata alla costumizzazione delle motociclette.

Burikko (ぶりっ子): «falso innocente».

Burusera (ブルセラ): termine che indica le studentesse che vendono la propria biancheria intima e le loro divise scolastiche.

Bushidō (武士道): «la via del guerriero». Codice di condotta e stile di vita dei *samurai*.

Busukawa: «ugly kawaii».

Butō (舞踏): tecniche e forme di danza contemporanea del Giappone degli anni Cinquanta.

Butsudū (ブツドゥー): «via del Buddha».

Byojaku: make-up con fard rosso sotto gli occhi.

Casual girly (カジュアルガーリー): moda degli anni Duemila.

Casual lolita (カジュロリ): sottogenere della moda *lolita* di fine anni Novanta.

Casual visual key: sottogenere dello stile *visual kei*.

Cha-kaiseki (茶懐石): pasto servito prima della cerimonia del tè giapponese.

Chakin sushi (茶巾寿司): tipo di *sushi* che consiste in riso raccolto in una piccola omelette.

Cha no yu (茶の湯): «acqua calda per il tè». Conosciuta in Occidente come cerimonia del tè, è un rito giapponese indicato anche come *Chadō* o *Sadō* (茶道, «via del tè»).

Chapatsu (チャパツ): moda dei ragazzi giapponesi degli anni Novanta di decolorare i capelli e spesso tingerli di castano chiaro.

Charisma ten-in: «charismatic shop staff».

Chasen (茶筅): frullino in bambù per mescolare il tè matcha in polvere con l'acqua calda durante la cerimonia del tè giapponese.

Chashu (チャーシュー): pancetta di maiale arrosto.

Chawan (茶碗): tazza dove si beve il tè durante la cerimonia del tè giapponese.

Chinimi (珍味): «gusto raro», «delicatezza». Piatti giapponesi locali.

Chōnin (町人): «cittadino». Classe sociale di mercanti e artigiani emersa durante il primo periodo Edo.

Christmas lolita: sottogenere non ufficiale della moda *lolita*.

City pop (シティーポップ): sottogeneri di musica pop giapponese popolare negli anni Ottanta.

Classical lolita (クラロリ): sottogenere della moda *lolita* di fine anni Novanta.

Coco gyaru: sottogenere della moda *gyaru* degli anni Duemila.

Cosplay (コスプレ kosupure): parola giapponese formata dalla contrazione delle parole inglesi «costume» («costume») e «player» («gioco» o «interpretazione»). Indica il vestire i panni di un personaggio preso da un determinato ambito, imitandone le movenze.

Country lolita (カントリーロリ): sottogenere della moda *lolita* di fine anni Novanta.

Crossplay: parola che unisce i termini «crossdressing» e «cosplay» e indica quando una persona si veste in *cosplay* rappresentando un personaggio di un genere sessuale diverso.

Cucina nikkei: cucina nippo-peruviana.

Cyber lolita (サイバーロリ): sottogenere della moda *lolita* di fine anni Novanta.

Dango (団子): sorta di gnocco giapponese di farina di riso e farina di riso glutinoso spesso servito a forma sferica con uno spiedo.

Dark girly (ダークガーリー): moda degli anni Duemila.

Daymiō: «grande nome». Era la maggiore carica feudale. I *daymiō* erano i grandi proprietari terrieri del Giappone feudale, subordinati allo *shōgun* e, nominalmente, all'imperatore e al *kuge* (gruppo di famiglie della classe aristocratica giapponese).

Decostruttivismo: movimento della moda a partire dagli anni Settanta che rifiutava l'omologazione ai dettami europei.

Deco lolita (デコロリ): sottogenere della moda *lolita*.

Decora (デコラ): moda degli anni Duemila.

Dekasegi (出稼ぎ): «lavorare lontano da casa».

Dengondial: messaggi vocali di posta elettronica per incontrare uomini adulti.

Dōjin (同人): «persone con lo stesso interesse».

Doku-moderu (読者モデル): possibilità che la rivista giapponese *Popteen* dava ai propri lettori di posare come modelli.

Dorama (ドラマ): serie televisiva giapponese.

Doria (ドリア): piatto giapponese gratinato a base di riso pilaf coperto da béchamel.

Dōseiai (どうせいあい): omosessualità.

Dōtoku: «Corso di conoscenza morale».

Easter lolita: sottogenere non ufficiale della moda *lolita*.

Edomae: stile di preparazione del *sushi* risalente al periodo tra il 1818 e il 1830.

Ehagaki (絵はがき): cartoline illustrate.

Ehon (絵本): libri illustrati.

Ekiben (駅弁): *bentō* venduto presso le stazioni ferroviarie in Giappone.

Enjo kōsai (援助交際): «appuntamento sovvenzionato». Termine coniato nel '95 per indicare il fenomeno sociale giapponese riguardante studentesse liceali e casalinghe che, in cambio di soldi o regali, decidevano di frequentare di nascosto uomini adulti.

Ero-guro nansensu (エログロナンセンス): «nonsense erotico-grottesco». Fenomeno sociale e artistico che unisce elementi del macabro e del bizzarro con quelli erotici e frivoli.

Ero-kawaii: «sexy kawaii».

Ero lolita (エロロリ): sottogenere della moda *lolita* di fine anni Novanta.

Fairy kei (フェアリー系): moda degli anni Duemila.

Famiresu (ファミレス): «family restaurant». Ristoranti ampi, accoglienti e a prezzo contenuto per famiglie.

Fifutīzu (フィフティーズ): «fifties». Stile di abbigliamento giapponese ispirato al tema rockabilly e teddy boy.

French girly (フレンチガーリー): moda degli anni Duemila.

Fureai kyōfushō: «paura delle relazioni».

Furikake (振り掛け): condimento giapponese da cospargere sul riso bianco a base di alghe e pesci essiccati, semi di sesamo tostati, zucchero e sale.

Furītā (フリーター): «freeter». Giovani alla ricerca di lavori precari o di breve durata per mantenersi senza perdere la libertà.

Furo (風炉): braciere che si poggia sul tatami durante la cerimonia del tè giapponese. Lo si usa da maggio a ottobre.

Futei senjin (不逞鮮人): «ribelle coreano».

Fūzoku (風俗): termine con il quale ci si riferisce all'industria del divertimento erotico a pagamento.

Gaiatsu (外圧): pressione straniera sulla politica interna giapponese.

Gaijin (外人): «Persona esterna (al Giappone»). Termine utilizzato dai giapponesi per indicare gli stranieri. Ha una connotazione razzista rispetto al termine più neutro *gaikokujin* (外国人).

Ganjiro (ガン白): «ragazza dalla pelle bianca». Sotto-stile della moda giapponese *gyaru*.

Ganguro (ガングロ): «viso scuro». Stile di abbigliamento delle ragazze giapponesi di fine anni Novanta.

Gangyary: sottogenere della moda *gyaru* degli anni Duemila.

Gashapon (ガシャポン): gadget giapponese che raffigura un personaggio *manga*, *anime* o videogioco, racchiuso in una capsula di plastica e venduto nei distributori automatici.

Geisha (芸者): «artista». Artista e intrattenitrice giapponese molto comune tra il XVIII e il XIX secolo. Esiste ancora oggi.

Gekika (劇画): «immagini drammatiche». Genere di fumetto giapponese sviluppatosi tra gli anni Cinquanta e Sessanta.

Ghosting: pratica che consiste nell'interrompere all'improvviso comunicazioni e contatti online senza dare spiegazioni o lasciare tracce.

Gohan (御飯): riso cotto.

Gore: termine giapponese che indica il sangue e, nella filmografia di genere, i film a tema carneficina.

Goshikku (ゴシック): sottogenere della moda *gyaru* degli anni Duemila.

Gothic Aristocrat: sottogenere della moda *lolita* di fine anni Novanta.

Gothic lolita (ゴシック・ロリータ): sottogenere della moda *lolita* di fine anni Novanta.

Grindhouse: termine per indicare nell'America degli anni Settanta il cinema dei «doppi spettacoli» e delle pellicole a basso costo.

Gurokawa (グロカワ): «creepy cue». Moda degli anni Duemila.

Guro lolita (グロロリ): sottogenere della moda *lolita* di fine anni Novanta.

Gurume bumu: «boom del gourmet».

Gyaru (ギャル): «ragazza». Termine che indica la moda delle ragazze tra i 15 e i 25 anni alla fine degli anni Novanta e l'inizio degli anni Duemila.

Gyarumama (ギャルママ): *gyaru* storiche che continuavano a seguire la moda nonostante fossero diventate mamme.

Gyoza (餃子): ravioli giapponesi alla griglia.

Gyūdon (牛丼): piatto giapponese a base di carne di manzo, cipolla e una salsa di dashi, salsa di soia e mirin.

Haady gyaru: sottogenere della moda *gyaru* degli anni Duemila.

Hāfu (ハーフ): «half», «metà». Termine usato per indicare i figli di unioni tra giapponesi e stranieri.

Haiku (俳句): componimento poetico giapponese dai toni semplici attraverso il quale, a partire da un'immagine o un pensiero, deve scaturire una serie di suggestioni.

Halloween lolita: sottogenere non ufficiale della moda *lolita*.

Hama kei: sottogenere della moda *mori* degli anni Duemila.

Hama tora: stile di abbigliamento degli anni Ottanta di Yokohama.

Hambāgu (ハンバーグ): «bistecca di Amburgo». Hamburger in stile giapponese.

Hanamachi (花街): «città dei fiori». Distretto dove vivono e lavorano le *geisha*.

Harakiri (腹切り) o **Seppuku** (切腹): «taglio del ventre». Indica l'antico rituale per il suicidio dei *samurai*.

Hashi (はし): bacchette per il cibo.

Hentai (へんたい): «anormale», «pervertito». Indica *anime, manga* e videogiochi a sfondo erotico/sessuale.

Hibakusha (被爆者): sopravvissuti agli attacchi nucleari di Hiroshima e Nagasaki.

Hikikomori (引きこもり): «stare in disparte», «staccarsi». Persona che ha scelto di vivere in totale isolamento, senza rapporti sociali nella vita reale.

Hikimayu (引眉): antica pratica giapponese che consisteva nel rimuovere le sopracciglia naturali e ridipingerle sulla fronte come fossero macchie.

Hime (姫): «principessa». Sottogenere della moda *gyaru* degli anni Duemila.

Himekaji (姫カジ): «princess casual». Sottogenere della moda *gyaru* degli anni Duemila.

Hime lolita (姫ロリ): sottogenere della moda *lolita* di fine anni Novanta.

Hinomaru (日の丸): «Disco solare». Nome comune per indicare la bandiera nazionale del Giappone.

Hirahira (ひらひら): essere svolazzante.

Hiyatoi rōdōsha (日雇い): lavoratori a giornata.

Honzen ryōri (本膳料理): forma cerimoniale di servire il cibo.

Host club: locali notturni dove si paga una persona per parlare con lei e trascorrere la serata insieme.

Host kei (ホスト系): moda maschile degli anni Duemila.

Hyōbanki (評判記): classifiche e critiche di attori e cortigiane *kabuki*.

Ichioku gyokusai (一億玉砕): «l'autodistruzione di cento milioni come un gioiello che si frantuma».

Ikigai (生き甲斐): parola che si riferisce al trovare uno scopo nella propria vita e ciò che la rende degna di essere vissuta.

Ikizurasa (生きづらさ): «pain of living».

Ikura (いくら): caviale ricavato dalle uova di pesci salmonidi.

Imageboard: sito basato sulla pubblicazione di immagini da parte dei propri utenti.

Inari (稲荷): *kami* (divinità giapponese) della fertilità, dell'agricoltura, del riso, dell'industria, del successo terreno e delle volpi.

Iseiai (異性愛): eterosessuale.

Ishokuhada gyaru: sottogenere della moda *gyaru* degli anni Duemila.

Isobe-age: piatto giapponese. Tipo di *tempura* che consiste nell'aggiunta di alghe nella pastella.

Itakaji (イタカジ): «Italian casual». Stile di abbigliamento giapponese ispirato all'Italia.

Itamemono (いためもの): piatti saltati in padella.

Izakaya (居酒屋): taverna giapponese dove si consumano bevande alcoliche accompagnate da cibo.

Izukuri (生き作り): preparazione del *sashimi* a partire da pesci e frutti di mare vivi.

Jendāresu (ジェンダーレス): «uomini genderless».

Jiǎozi: ravioli cinesi.

Jidaigeki (時代劇): dramma di ambientazione storica.

Jirai kei (地雷系/じらいけい): moda degli anni Duemila.

Jirai onna: espressione dispregiativa che si riferisce a una donna con tendenze violente.

Josei no jidai: «era della donna».

Joshi ryoku: capacità delle donne di imparare ad ogni età e di sapersi adattare ai cambiamenti.

J-Pop: «Japanese pop». Genere musicale pop giapponese.

J-Rock: «Japanese rock». Genere musicale rock giapponese.

JRPG: «Japanese role-playing game». Videogioco di ruolo alla giapponese.

Jubako (重箱): scatole raffinate, spesso laccate, utilizzate per contenere il cibo, per esempio, del Capodanno.

Kabayaki (蒲焼): piatto tipico della cucina giapponese consistente in anguilla grigliata sul fuoco e laccata con una salsa a base di brodo di anguilla, sakè e salsa di soia.

Kabuki (歌舞伎): rappresentazione teatrale giapponese sorta all'inizio del XVII secolo.

Kaidan: storie di fantasmi.

Kaiseki ryōri (懐石): forma più raffinata della gastronomia giapponese. Pasto tradizionale che include tante piccole portate. Il nome si riferisce alle competenze tecniche che servono per realizzare questo pasto complesso.

Kaiten sushi (回転寿司): ristorante che serve *sushi* su un nastro trasportatore.

Kaizen (改善): indica il migliorare costantemente il proprio mestiere.

Kakiage (かき揚げ): piatto giapponese. Tipo di *tempura* che consiste nel pastellare e friggere una serie di ingredienti tutti insieme, come frutti di mare, crostacei e verdure.

Kakkōii (かっこいい): «cool».

Kakusa shakai: «gap society». La società del divario.

Kama (釜): bollitore per l'acqua utilizzato per la cerimonia del tè giapponese.

Kamaboko (蒲鉾): tipo di cibo giapponese ottenuto dalla lavorazione del pesce.

Kami (神): spiriti ancestrali e tutelari dello shintoismo.

Kamikaze (神風): «vento divino». Attacchi suicidi a opera di piloti giapponesi su aerei carichi di esplosivo contro le forze alleate durante la seconda guerra mondiale.

Kansui (かんすい): carbonato di sodio. Sostanza alcalina utilizzata in Giappone nella preparazione dei tagliolini per il *rāmen*.

Kapuseru hoteru (カプセルホテル): «capsule hotel».

Karasu zoku (カラス族): «gruppo di corvi». Sottocultura femminile degli anni Ottanta.

Karē pan (カレーパン): panino giapponese ripieno di curry, impanato e fritto.

Karē raisu (カレーライス): piatto giapponese a base di riso con curry di carne e verdure.

Karē soba (カレーそば): piatto giapponese a base di *soba* (tagliolini di grano saraceno) con curry di carne e verdure.

Karē udon (カレーうどん): piatto giapponese a base di *udon* (tagliolini di frumento) con curry di carne e verdure.

Karisuma shufu (カリスマ主婦): «casalinga carismatica».

Karōshi (過労死): «morte per troppo lavoro.

Kasutera (カステラ): «torta Castella». Dolce simile al pan di Spagna.

Katsu karē (カツカレー): piatto giapponese a base di *tonkatsu* e curry.

Katsu sando (カツサンド): sandwich giapponese a base di *tonkatsu*.

Kawaii (かわいい): «carino», «grazioso», «adorabile». Estetica che fa parte della cultura giapponese.

Kawakawa: «scary *kawaii*».

Kendō (剣道): «via della spada». Arte marziale giapponese e sport da combattimento che deriva dall'evoluzione dello stile di combattimento con la *katana* utilizzata dai *samurai*.

Kichinyado (きちんやど): alloggi economici.

Kigurumi (着ぐるみ): abbigliamento mascotte.

Kimchi (김치): piatto tradizionale coreano a base di verdure fermentate con spezie e jeotgal (젓갈, conserve di pesce sotto sale).

Kimi ga yo: inno nazionale giapponese.

Kimokawa: «grotesque kawaii».

Kimouchi warui (きもちわるい): «fare schifo».

Kinbaku (緊縛): «legare in modo stretto». Insieme al termine *shibari* (縛り, «legare»), indica la pratica di legare una persona con corde in un contesto erotico.

Kintsugi (金継ぎ): «riparare con oro». Tecnica di restauro ideata nel Quattrocento in Giappone per riparare le ceramiche utilizzando, tra le giunture, una lacca mescolata con polvere d'oro.

Kirakira (きらきら): onomatopea usata per indicare una femminilità idealizzata durante il XXI secolo caratterizzata da scintillio e grandi occhi sbrilluccicosi.

Kisaeng (기생): donna coreana che di professione intratteneva persone altolocate e i sovrani.

Kishipan: pane dolce giapponese.

Kissaten (喫茶店): «negozio per bere il tè». Locale giapponese degli anni Venti e Trenta dove consumare caffè, inizialmente ritrovo per intellettuali.

Kodawari (こだわり): «l'orgoglio e la gioia per quello che si fa». Indica la passione profusa nel perfezionarsi quotidianamente.

Kogyaru o Kogal (コギャル): «ragazza delle superiori» o «piccola ragazza». Termine che indica la moda delle liceali giapponesi alla fine degli anni Novanta.

Kokumishi: «cibo nazionale del Giappone». Il cibo apprezzato dalla maggior parte dei giapponesi nel periodo precedente alla seconda guerra mondiale.

Kokutai no Hongi (国体の本義): «Principi fondamentali della nazione», 1937.

Kōshokubon (こうしょくぼん): libri erotici.

Kosupure-kei inshokuten (コスプレ系飲食店): ristorante *cosplay*.

Kote kei (コテ系): stile classico delle prime band *visual kei* degli anni Ottanta e Novanta.

Kujira ryōri: cucina che propone carne di balena.

Kunoichi (くノ一): donna combattente, spesso rappresentata come donna *ninja*.

Kuro lolita (黒ロリ): sottogenere della moda *lolita* di fine anni Novanta.

Kurogyaru (黒ギャル): «ragazza dalla pelle nera». Sottogenere della moda *gyaru* degli anni Duemila.

Kurofuku kei (黒服系): stile di abbigliamento del *visual kei*.

Kurotomesode (黒留袖): *kimono* nero riservato alle donne sposate da indossare in occasioni formali.

Kusarifundō (鎖分銅): arma utilizzata in Giappone durante il periodo feudale.

Kyabajō (キャバ嬢): «bar girl». Moda degli anni Duemila.

Kyōdo ryōri (郷土料理): cucina giapponese regionale.

Lolicon (ロリコン): genere di *manga, anime* e videogiochi in cui i personaggi sono ragazze molto giovani mostrate in atteggiamenti sessuali.

Lolita (ロリータ・ファッション): «lolita fashion». Stile di abbigliamento di fine anni Novanta ispirato all'epoca vittoriana e al rococò.

Machikomi: «comunicazione di strada».

Magogyaru: sottogenere della moda *gyaru* degli anni Duemila.

Maiko (舞妓): apprendista *geisha*.

Makunouchi (幕の内弁当): *bentō* contenente riso, pesce, carne, sottaceti, uova e *umeboshi*. Veniva consumato durante il periodo Edo negli intervalli delle rappresentazioni teatrali del *nō* e del *kabuki*.

Manga kissa (漫画喫茶): «manga café».

Mecha (メカ): robot guidati da un umano al loro interno.

Meido kafe (メイドカャェ): «maid café».

Melon pan (メロンパン): pane dolce giapponese.

Meme: elemento culturale che si propaga per imitazione da un individuo all'altro attraverso relazioni interpersonali o con i mezzi di comunicazione di massa.

Menhera (メンヘラ): nello slang giapponese indica una persona con problemi mentali e/o che necessita di cure per la salute mentale.

Menma (メンマ): condimento alimentare a base di bambù fermentato.

Mentaiko pasta (明太子パスタ): piatto giapponese a base di pasta condita con uova di merluzzo dell'Alaska.

Military lolita (ミリロリ): sottogenere della moda *lolita* di fine anni Novanta.

Mimikaki (耳かき): pulizia delle orecchie.

Miso rāmen: *rāmen* con brodo a base di *miso* (pasta di soia fermentata).

Misoshiru (味噌汁): zuppa di *miso*.

Mizuage (水揚げ): «ricevere dalle acque». Acquisto della verginità della *oiran* (cortigiana) tramite un'asta gestita dalla sua protettrice; il ricavato serviva a colmare una parte del debito che accumulava per il suo mantenimento.

Mizu-shōbai («il commercio dell'acqua»): espressione per indicare lavori che si basano sulla popolarità dell'esecutore tra i propri fan o la clientela.

Modan gāru (モダンガール): «modern girl». Ragazze giapponesi che seguivano la moda e lo stile di vita occidentale nel periodo successivo alla prima guerra mondiale.

Mode (モード): sottogenere della moda *gyaru* degli anni Duemila.

Mono no aware (物の哀れ): concetto estetico giapponese che indica la sensibilità delle cose, una dirompente partecipazione emotiva verso la bellezza della natura e della vita umana, con una conseguente sensazione nostalgica verso il suo continuo mutamento e la sua fine.

Mori gyaru: moda degli anni Duemila.

Mori kei (森系) o **Mori girl** (森ガール): moda degli anni Duemila.

Mushimono (むしもの): piatti al vapore.

Muzan-e (無残絵): «impronte insanguinate». Stampe xilografiche giapponesi di natura violenta del tardo periodo Edo e Meiji.

Nabe (鍋): tipo di preparazione culinaria giapponese che prevede la bollitura in pentola.

Nanbanzuke (南蛮漬け): piatto giapponese a base di pesce fritto e poi marinato in una miscela di aceto, carote, zucchero e peperoncino.

Naporītan spaghetti (ナポリタン): piatto giapponese a base di spaghetti con sugo ispirato a quello napoletano.

Nattō spaghetti (納豆スパゲティ): piatto giapponese a base di spaghetti e fagioli di soia fermentati.

Natural kei (ナチュラル系): «natural fashion». Moda degli anni Duemila.

Natural lolita (ナチュロリ): sottogenere della moda *lolita*.

Negi (ネギ): verdura giapponese, via di mezzo tra il pollo e il cipolloto.

Nerd: termine statunitense che indica chi mostra una certa propensione alla tecnologia e un ridotto interesse alla socializzazione.

New tora: «new traditional». Stile di abbigliamento anni Ottanta di Nagoya e Kōbe.

Nihonjinron (日本人論): «teorie sui giapponesi».

Nikkei Burajiro-jin (日系ブラジル人): «nippo-brasiliani».

Nikkei-jin (日系人): emigrati giapponesi in terre straniere.

Nikkei Perūjin (日系ペルー人): «nippo-peruviani».

Nikujaga (肉じゃが): «carne patate». Stufato di carne e patate giapponese.

Nikuman (肉まん): versione giapponese dei balzi cinesi, ossia panini cotti al vapore e ripieni di carne.

Nimono (煮物): piatti in umido, bolliti.

Ningen Sengen (人間宣言): Dichiarazione della natura umana dell'imperatore, 1946.

Ninja (忍者): detti anche *shinobi*, erano spie o mercenari del Giappone feudale.

Nippon no Kokushō (日本の国章): «emblema del Giappone», a forma di crisantemo.

Nisshōki (日章旗): «Bandiera del Sole a forma di disco». La bandiera nazionale del Giappone.

Nō (能): «abilità». Forma di teatro giapponese sorta nel XIV secolo caratterizzata da lentezza e uso di maschere.

Normcore: Tendenza della moda unisex caratterizzata da un abbigliamento dall'aspetto medio e senza pretese.

Nun lolita (修道女ロリ): sottogenere della moda *lolita* di fine anni Novanta.

Nurse lolita (かんごしロリ): sottogenere della moda *lolita* di fine anni Novanta.

Obon (お盆): festa buddista-confuciana durante la quale i parenti tornano nei luoghi della famiglia ancestrale per pulire insieme le tombe e onorare i propri antenati.

Ochaya (お茶屋): «casa da tè». Locale dove le *geisha* intrattengono i clienti.

Odori ebi (踊り海老/躍り海老): *sushi* con gambero ancora vivo.

Ohaguro (お歯黒): «denti neri». Tradizionale moda giapponese che prevede il tingersi i denti con dell'inchiostro nero.

Oiran (花魁): cortigiane.

Oitsuke, oikose: slogan che durante la fine dell'Ottocento indicava la volontà del Giappone nel volere raggiungere economicamente l'Occidente per poi superarlo.

Ōji (王子): sottogenere della moda *lolita* di fine anni Novanta.

Ojōsama (譲): «ragazza ricca».

Old school lolita (懐古ロリ: sottogenere della moda *lolita* di fine anni Novanta.

Omiyage (お土産): souvenir.

Omuraisu (オムライス): piatto giapponese a base di riso con pollo, omelette di uova e ketchup.

Oneesan (お姉さん): «sorella maggiore».

Oni (鬼): demoni del folklore giapponese.

Onigiri (おにぎり) o **omusubi** (おむすび): polpetta di riso giapponese con diversi tipi di ripieno.

Onii kei (お兄系): sottogenere della moda *gyaru* degli anni Duemila.

Oone gyaru (お姉ギャル): sottogenere della moda *gyaru* degli anni Duemila.

Onnagata (女形): «a forma di donna». Attore di sesso maschile che interpreta una parte femminile nel teatro *kabuki*.

Ora ora (オラオラ): sottogenere della moda *gyaru* degli anni Duemila.

Osechi ryōri (御節料理): cibi tradizionali giapponesi tipici del Capodanno.

Oshare (おしゃれ): stile vistoso.

Oshiroi (白粉): fondotinta in polvere usato dagli attori *kabuki*, dalle *geisha* e dalle *maiko*.

Otaku (おたく): persone con interesse in *anime, manga*, videogiochi e computer.

Otome (おとめ): «ragazza». Nella moda, ci si riferisce allo stile di abbigliamento giapponese lanciato dalla rivista *Olive* a inizio degli anni Ottanta.

Otome muke (乙女向け): «per fanciulle».

Otokonoko (男の娘): «ragazza maschio». Termine usato nel mondo *otaku* per indicare uomini che indossano abiti femminili.

Otona (おとな): «adulto».

Ozaku (おかず): piatto principale o contorni per accompagnare il riso.

Paragyaru (パラギャル): «paradise girls». Sottogenere della moda *gyaru*.

Para Para (パラパラ): stile di ballo sincronizzato sulla musica Eurobeat e Italo disco eseguito dalle *gyaru*.

Peeps: moda degli anni Duemila.

Pinky Violence: sottogenere cinematografico in voga in Giappone negli anni Settanta. Filone erotico e violento con *sukeban* in cerca di vendetta come protagoniste.

Pirate lolita: sottogenere della moda *lolita* di fine anni Novanta.

Pokeberu (ポケベル): «pocket bell». Cercapersone, dispositivi elettronici per inviare e ricevere messaggi.

Pop kei (ポップ系): moda degli anni Duemila.

Poser: persone che non appartengono davvero a una sottocultura ma ne abbracciano il lato estetico e comportamentale allo scopo di fare parte del gruppo.

Preppy: stile di abbigliamento elegante e casual di matrice statunitense.

Punk lolita (パンクロリ): sottogenere della moda *lolita* di fine anni Novanta.

Purikura (プリクラ): cabine per le foto-tessere con effetti speciali *kawaii*.

Purin (プリン): crème caramel giapponese.

Qi lolita (チーロリ): sottogenere della moda *lolita* di fine anni Novanta.

Qipao (旗袍): vestito tradizionale manciù.

Rabu hoteru (ラブホテル): «love hotel». Hotel che permettono di soggiornare qualche ora o tutta la notte e dove la privacy è totale.

Rakkukei gyaru: ragazze che alla fine degli anni Novanta imitavano esplicitamente lo stile R&B.

Rāmen (ラーメン): piatto giapponese a base di tagliolini di frumento in brodo bollente e alcune guarnizioni.

Ramenya (ラーメン屋): locale dove si consuma il *rāmen*.

Rasuta gyaru (ラスタギャル): sottogenere della moda *gyaru*.

Reikon (霊魂): equivalente giapponese dell'anima della religione cristiana.

Retro girl (レトロガーリー): moda degli anni Duemila.

Riso Hayashi (ハヤシライス): piatto giapponese a base di riso e salsa demi-glace con carne, cipolle e funghi.

Ro (炉): buco quadrato del tatami che funge da fornace durante la cerimonia del tè giapponese. Lo si usa da novembre ad aprile.

Rokku (ロック): sottogenere della moda *gyaru* degli anni Duemila.

Romanba: sottogenere della moda *manba*.

Rōnin (浪人): «girovago». Un *samurai* diventava *rōnin* in caso di cattiva condotta, alla morte del suo padrone oppure in seguito alla perdita del favore o del privilegio del suo padrone.

Roppongi garu: «ragazze Roppongi».

Rūzu sokkusu (ルーズソックス): «loose socks». Calzettoni bianchi in stile scaldamuscoli indossati dalle liceali degli anni Novanta insieme all'uniforme scolastica.

Sāfā: «surfer». Stile di abbigliamento giapponese degli anni Ottanta ispirato al look da spiaggia della California.

Sailor lolita (セーラーロリ): sottogenere della moda *lolita* di fine anni Novanta.

Sakoku jidai: «periodo del paese chiuso». Si usa per indicare l'isolazionismo del Giappone durante il periodo Edo.

Sampuru (サンプル): «modello». Riproduzioni dei piatti presenti nel menù di un ristorante ed esposte in vetrina.

Sararīman (サラリーマン): «salary man», «lavoratore salariato».

Sashimi (刺身): pesce crudo affettato.

Satsuma age (薩摩揚げ): piatto giapponese. Tipo di *tempura* tipico della regione di Satsuma che consiste in pesce mescolato con farina e poi fritto.

Sax lolita: sottogenere della moda *lolita*.

Seichi junrei: «pellegrinaggi» alle località del mondo reale che compaiono in *manga* e *anime*.

Seinen (青年): «giovane uomo». *Manga* dedicati a giovani uomini adulti.

Sentaagai: «ragazzo della via centrale». Termine che si riferisce alla moda maschile *yamanba* di fine anni Novanta.

Sentō bishōjo: «bella ragazza combattente».

Sērā fuku (セーラー服): «divisa alla marinara». Divisa scolastica femminile.

Serebū gyaru (ギャルセレブー): sottogenere della moda *gyaru* degli anni Duemila.

Shakaijin (社会人): «persona adulta». Persona produttiva per la società.

Shibukaji: «Shibuya Casual». Stile di abbigliamento di Shibuya di inizio anni Novanta.

Shimin shakai: «società civile».

Shinrin-yoku (森林浴): «Forest Bathing». Metodo della medicina giapponese basato sul trascorrere del tempo nella natura per trarre giovamento.

Shinshūkyō (新宗教): «nuova religione».

Shintō (神道): «via degli dei».

Shio rāmen: *rāmen* con brodo a base di sale (塩, *shio*).

Shiro gyaru (白ギャル): «ragazza dalla pelle bianca». Sottostile della moda *gyaru*.

Shiro lolita (白ロリ): sottogenere della moda *lolita* di fine anni Novanta.

Shironuri (白塗り): «dipinto di bianco». Tecnica di make-up giapponese.

Shirumono (しるもの): zuppe.

Shitsuji kissa (執事喫茶): «butler café».

Shōgun (将軍): «comandante dell'esercito», abbreviazione di *sei-taishōgun* («grande generale dell'esercito che sottomette i barbari»), titolo conferito ai dittatori politici e militari che governarono il Giappone dal 1192 al 1868 ed equivalente al grado di generale.

Shōjin ryōri (精進料理): cucina tradizionale buddista.

Shōjo manga (少女漫画): *manga* per ragazze.

Shokunin: «artigiano». Indica il diventare maestro in un certo mestiere.

Shokupan (食パン): pane giapponese.

Shōnen manga (少年): *manga* per ragazzi.

Shōyu ramen: *rāmen* con brodo a base di salsa di soia (醤油, *shōyu*).

Shufu (主婦): casalinga.

Shūkyō nisei (宗教2世): «seconde generazioni religiose».

Shunga (春画: stampe erotiche nello stile *ukiyo-e*.

Slasher: «ferire profondamente con un'arma affilata». Sottogenere di film horror.

Sōchūryū shakai: «società borghese».

Soft power: potere convincitivo, in grado di attrarre attraverso risorse intangibili come idee e cultura.

Sonnō jōi (尊皇攘夷): «Riverite l'imperatore, cacciate i barbari». Espressione usata in Giappone nell'Ottocento per esprimere sia la volontà di una restaurazione del potere imperiale, sia la volontà di cacciare gli stranieri (i cristiani).

Sōshuku danshi: «herbivore male».

Sotsugyō kyōfushō: «fobia dell'entrata nella vita attiva».

Spaghetti maionese e salsa di soia: piatto ideato dallo scrittore Makoto Shiina.

Spaghetti mizore: piatto giapponese a base di spaghetti con ravanello grattugiato.

Stealth: videogioco in cui il giocatore usa la furtività per evitare e/o superare gli avversarsi.

Steam lolita (スチームロリ): sottogenere della moda *lolita* di fine anni Novanta.

Sukeban (スケバン): bande femminili giapponesi degli anni Settanta.

Sukiyaki (すき焼き): piatto giapponese cotto direttamente nella pentola (nabemono) a base di carne di manzo.

Sunomono (酢の物): piatti conditi con aceto.

Sweet lolita (甘ロリ): sottogenere della moda *lolita* di fine anni Novanta.

Tabi (足袋): calzini tradizionali giapponesi in cui l'alluce è diviso dal resto delle dita dei piedi, in modo da poter calzare le infradito.

Tachi (太刀): tipo di spada giapponese usata anticamente in cavalleria.

Tamago sando (たまごサンド): sandwich giapponese a base di pane morbido, uova e maionese.

Tantō (短刀): arma giapponese simile a un pugnale.

Tare (タレ): salsa giapponese segreta degli chef usata per insaporire varie pietanze tra le quali il *rāmen*.

Tayū (太夫): grado più alto delle cortigiane tradizionali giapponesi, la classe più alta delle *oiran*.

Temaki (手巻き): *sushi* a cono.

Telekura (テレクラ): locali forniti di centralino dove i clienti attendono le chiamate delle liceali per praticare l'*enjo kōsai*.

Tempura (てんぷら): piatto giapponese a base di verdure e/o pesce impastellati separatamente e fritti.

Tennō (天皇): «sovrano celeste». L'imperatore del Giappone.

Tennōsei (天皇制): «sistema imperiale».

Tōkko-fuku: divisa indossata dai *bōsōzoku*.

Tōhoku-chihō Taiheiyō Oki Jishin (東北地方太平洋沖地震): «terremoto in alto mare della regione di Tōhoku e dell'oceano Pacifico».

Tōkyō burando shōnen: «ragazzi firmati di Tōkyō». Stile di abbigliamento degli anni Ottanta.

Tonkatsu (とんかつ): piatto giapponese a base di cotoletta di maiale impanata con *panko* e fritta.

Tonkotsu rāmen: *rāmen* con brodo a base di ossa di maiale.

Torizakana: piccolo assaggio di benvenuto stagionale.

Torture splatter: sottogenere dei film horror.

Tsukemen (つけ麺): *rāmen* di tagliolini serviti separati dal brodo caldo.

Tsukemono (漬物): verdure in salamoia.

Tsuyome (ツヨメ): sottogenere della moda *gyaru* degli anni Duemila.

Ukiyo-e (浮世絵): «immagini del mondo fluttuante». Stampe giapponesi su carta tramite matrici di legno e xilografia.

Umani (旨み): sensazione gustativa indotta dal glutammato monopodico.

Unko suwari (うんこ座り): termine che indica l'essere accovacciati come se si stesse sul gabinetto.

Visual kei (ヴィジュアル系): «stile visivo». Genere musicale giapponese sviluppatosi nella seconda metà degli anni Ottanta.

Wabi-cha (侘茶): stile della cerimonia del tè giapponese praticata secondo i precetti dei monaci buddisti zen come Sen no Rikyū.

Wabi-sabi (侘寂): visione del mondo giapponese, anche estetica, che si basa sull'accettazione della transitorietà e dell'imperfezione delle cose.

Wafū kinoko spaghetti: piatto giapponese a base di spaghetti, salsa di soia, funghi e bacon.

Wagashi (和菓子): dolce tradizionale giapponese spesso servito con il tè verde durante la cerimonia del tè giapponese.

Wakamomo no jidai: «età dei giovani».

Wakon yōsai: «spirito giapponese, scienza occidentale».

Wa lolita (和ロリ): sottogenere della moda *lolita* di fine anni Novanta.

Washoku (和食): cucina tradizionale giapponese.

Wayōgashi: dolci preparati con una tecnica occidentale ma usando ingredienti tipici giapponesi.

Yakimono (铁板焼): piatti alla griglia.

Yakiniku (焼き肉): «carne alla griglia». Metodo di cottura.

Yakuza (やくざ): organizzazione criminale tradizionale giapponese.

Yamanba (ヤマンバ): stile *ganguro* di fine anni Novanta.

Yama kei: sottogenere della moda *mori* degli anni Duemila.

Yamato-daishii (大和魂,): spirito giapponese indigeno.

Yami kawaii (病みかわいい): moda degli anni Duemila.

Yaoi (やおい): genere *manga* che riguarda le relazioni omossessuali più o meno esplicite tra ragazzi e studenti.

Yatai (屋台): bancarelle che vendono cibo da strada della cucina giapponese.

Yōgashi: dolci occidentali.

Yōkai (妖怪): creature sovrannaturali con forma zoomorfa della mitologia nipponica.

Yōshoku (洋食): «cibo occidentale». Stile di cucina influenzato dall'Occidente e che ebbe origine in Giappone durante la Restaurazione Meiji.

Yume kawaii (ゆめかわいい): moda giapponese degli anni Duemila.

Yurukawa: «lazy *kawaii*».

Yūkaku (遊廓): quartieri del piacere istituiti durante il periodo Edo.

Yūrei (幽霊): fantasmi della tradizione giapponese.

Zaibatsu (財閥): termine giapponese che indica un insieme di conglomerati con attività in diversi ambiti di industrie che hanno una posizione centrale nell'economia nazionale e che sono in possesso di una stretta cerchia di famiglie di origine giapponese.

Zaiteku: ingegneria finanziaria giapponese

BIBLIOGRAFIA

Libri

Aoyama Yuki, *Schoolgirl complex I, II*, 2010, 2011

Araki Nobuyoshi, *Tokyo Lucky Hole*, Taschen, 2012

Arena, Leonardo Vittorio, *Samurai*, Mondadori, 2002

Catalfamo L., C.P. De Francisci, *Casa Ramen*, Giunti, 2022

Clemens, Steven Langhorne, *Tokyo Pink Guide*, Yenbooks, 1993

Clover, Carol J., *Men, Women and Chainsaws*, Princeton University Press,1993

Ellis, Bret Easton, *American Psycho*, Einaudi, 2014

Golden, Arthur, *Memorie di una geisha*, Tea, 2017

Hiroka Yamashita, *Doll*, Atmosphere Libri, 2020

Hommerich, C., N. Sudo, T. Kikkawa (a cura di), *Social Change In Japan, 1989-2019: Social Status Consciousness, Attitudes and Values*, Routlegde, 2021

Iijima Ai, *Platonic Sex*, Rizzoli, 2005

Imai Messina, Laura, *Quel che affidiamo al vento*, Piemme, 2020

Inazo Nitobe, *Bushido*, Giunti, 2021

Kago Shintarō, *Shine!*, Hikari Edizioni, 2018

Kanehara Hitomi, *Serpenti e piercing*, Fazi, 2005

Kawakami Mieko, *Heaven*, Edizioni E/O, 2021

Kawakami Mieko, *Seni e uova*, Edizioni E/O, 2020

Kerr, Alex, *La bellezza del Giappone segreto*, EDT, 2019

Kirino Natsuo, *Grotesque*, Neri Pozza, 2008

Kirino Natsuo, *Le quattro casalinghe di Tokyo*, Neri Pozza, 2003

Maruo Suehiro, *Maruograph I, II*, A Treville Book, 1996

Maruo Suehiro, *Midori. La ragazza delle camelie*, Cononino Press, 2003

McLelland, Mark, *The End of Cool Japan*, Routledge, 2017

Miyamoto Musashi, *Il libro dei cinque anelli*, Giunti, 2022

Muari, N., J. Kingston, Ti. Burrett (a cura di), *Japan in the Heisei Era: Multidisciplinary Perspectives*, Routledge, 2022

Murakami Haruki, *Underground*, Einaudi, 2003

Murakami Ryū, *Blu quasi trasparente*, Rizzoli, 1993

Murakami Ryū, *Tokyo Decadence*, Mondadori, 2004

Murata Sayaka, *I terrestri*, Edizioni E/O, 2021

Murata Sayaka, *La cerimonia della vita*, Edizioni E/O, 2023

Murata Sayaka, *La ragazza del Convenience Store*, Edizioni E/O, 2018

Nogami, M., Masami Takahashi, *Shibuya 1999: Clown*, Zen Foto Gallery, 2016

Nothomb, Amélie, *Stupore e tremori*, Voland, 2000

Oyamada Hiroko, *La buca*, Neri Pozza, 2022

Oyamada Hiroko, *La fabbrica*, Neri Pozza, 2021

Risa Wataya, *Install*, Einaudi, 2006

Sinclair, Joan, *Pink Box Inside Japane's Sex Clubs*, Abrams, 2006

Takami Koushun, *Battle Royale*, Mondadori, 2016

Taylor Atkins, E., *A History Of Popular Culture In Japan. From the Seventeenth Century to the Present*, Bloomsbury, 2017

Viti, Stefania, *Il libro del ramen*, Gribaudo, 2017

Viti, Stefania, *Tè e dolci del Giappone. Storia, miti, ricette*, Gribaudo, 2021

Washoku, *Shoda Hirohiko*, Giunti, 2019

Yoshimoto Banana, *Bambole Kokeshi*, testo per la campagna internazionale e il catalogo p/e Benetton 1999

Yū Miri, *Il paese dei suicidi*, Atmosphere Libri, 2020

Manga

CLAMP, *Card Captor Sakura*, Star Comics, 1999-2000

CLAMP, *Chobits*, Star Comics, 2001-2003

CLAMP, *Magic Knight Rayheart*, Star Comics, 1998

CLAMP, *X*, 1992

Hiwatari Saki, *Proteggi la mia terra*, 1987-1994

Itō Junji, *Tomie*, Edizioni BD, 1987-2000

Matsumoto Izumi, *Orange Road* (*È quasi magia Johnny*), 1984-1987

Obana Miho, *Il giocattolo dei bambini*, Dynit Manga, 2002-2003

Shurei Kouyu, *Alichino*, 1997-2001

Takeuchi Naoko, *Sailor Moon*, Star Comics, 1995-1999

Watase Yū, *Ayashi no Ceres* (*La misteriosa Ceres*), 1996-2000

Yoshizumi Wataru, *Marmelade Boy*, Planet Manga, 1998-199

Yuki Kaori, *Angel Sanctuary*, 1994-2000

Riviste

Benkyo!, n. 37 (2004), Play Press Publishing

CanCam, luglio 2023

Happie Nuts, n. 5, gennaio 2023

Larme Magazine (Sweet Girly Artbook), 013, gennaio 2015; 016, luglio 2015

Mer, inverno 2023

Vivi, giugno 2023

web

https://www.book-tique.it/2020/07/08/identikit-letterari-banana-yoshimoto/

https://www.avatrade.it/blog/trading-history-it/bolla-speculativa-giapponese-del-1992

https://fumettologica.it/2019/12/video-girl-ai-manga-katsura/

https://www.treccani.it/enciclopedia/haruki-murakami

https://www.cultura-giapponese.it/_oldsite/cultura_videogiochi.php?vocemenu=524

https://www.gamberorosso.it/notizie/articoli-food/kissaten-giapponesi-cosa-sono-e-dove-sono-i-migliori-luoghi-per-bere-caffe-a-tokyo/

https://www.cucinagiapponese.net/storia-cucina-giapponese/

https://www.bbc.com/travel/article/20200714-japans-surprising-western-cuisine

https://www.giapponeinitalia.org/2021/07/wafu-pasta-e-la-pasta-insaporita-in-modo-giapponese/

https://www.sbs.com.au/food/article/2020/10/14/japans-shokupan-upper-crust-loaves#:~:text=The%20first%20shokupan%20is%20thought,era%20(1868%E2%80%931912).

https://livejapan.com/en/article-a0000043/#:~:text=The%20Store%20Where%20Anmitsu%20Was%20Created&text=They%20started%20their%20business%20in,sugar%20syrup%20sprinkled%20on%20top.

https://soranews24.com/2021/05/21/this-sandwich-bento-with-120-year-history-from-kamakura-is-a-masterful-example-of-how-less-is-more/

https://www.nippon.com/en/features/jg00009/

https://jw-webmagazine.com/unique-japanese-mcdonalds-menus/#:~:text=The%20first%20McDonald's%20restaurant%20in,in%20Ginza%2C%20Tokyo%20in%201971.

https://www.tsunagujapan.com/10-popular-family-restaurants-japan/

https://blog.japanwondertravel.com/popular-fast-food-restaurant-japan-30513

https://greekshares.com/the-japanese-zaitech-bubble/

https://www.latimes.com/archives/la-xpm-1996-12-05-mn-6016-story.html
https://www.ropetales.it/shibari-vs-kinbaku/

https://gyaru-109.fandom.com/wiki/Category:Gyaru_Magazines

https://the-comm.online/blog/the-history-of-lolita/

https://www.tokyocowboy.co/articles/kera-kerouac-magazine-for-eccentric-boys-amp-girls-1998-2017#:~:text=The%20first%20issue%20of%20KERA,publications%20defining%20Harajuku%20street%20culture

http://www.erbadellastrega.it/letture/goticogiapponese/

http://paraparalovers.com/parapara

https://japan-glossy.fr/histoire-du-style-gyaru-de-1980-a-nos-jours/

https://www.marcotogni.it/manga-porno-iene/

https://www.veganok.com/carne-di-balena/

https://www.italia-asia.it/sites/default/files/pdf/giapponesi-e-balene.pdf

https://www.maff.go.jp/j/shokusan/gaisyoku/pamphlet/pdf/washoku_italian.pdf

https://www.eatperu.com/nikkei-food-japanese-peruvian-fusion-cuisine/

https://onolicioushawaii.com/okazuya/

https://onolicioushawaii.com/

https://www.eater.com/2017/10/25/16525554/japanese-food-hawaii-musubi-ramen-matcha

https://www.mlit.go.jp/kankocho/en/kankorikkoku/index.html

https://www.mlit.go.jp/kankocho/en/kankorikkoku/kihonhou.html

https://gal-handbook.livejournal.com/4657.html

https://sabukaru.online/articles/2chan

https://www.tarantinoitalia.altervista.org/quentin-tarantino-italia-kill-bill-volume1-trivia.htm

https://www.animeclick.it/news/58287-lady-snowblood-recensione-del-manga-che-ispiro-indirettamente-kill-bill

https://www.kblejungle.com/2021-02-le-disturbanti-opere-di-takato-yamamoto/

https://www.treccani.it/enciclopedia/shuji-terayama

https://www.nytimes.com/2006/12/16/world/asia/japanese-lawmakers-pass-two-laws-that-shift-the-nation-away-from.html

https://www.musubi.it/it/costume/nippo/333-sandoo.html?start=1

https://web-japan.org/trends/09_culture/pop090827.html

https://www.researchgate.net/publication/359163640_Mentally_Ill_and_Cute_as_Hell_Menhera_Girls_and_Portrayals_of_Self-Injury_in_Japanese_Popular_Culture

https://arcadiaquill.com/10446/features/subcultures-of-kawaii-fashion/

https://i-d.vice.com/en/article/ywvz3g/what-the-closure-of-fruits-magazine-means-for-japanese-street-style https://fyeahtigerstripes.tumblr.com/

https://www.ana-cooljapan.com/columns/?p=1198

https://www.chicagotribune.com/news/ct-xpm-2006-04-13-0604130084-story.html

https://www.culteducation.com/group/1277-unification-church/23832-sushi-and-rev-moon.html

https://www.nytimes.com/2021/11/22/insider/unification-church-sushi.html

https://www.ilpost.it/2021/11/21/sushi-stati-uniti-storia/

https://www.ilpost.it/2023/03/12/giappone-corea-del-sud/

https://thediplomat.com/2023/01/how-has-the-korean-wave-impacted-japan-south-korea-relations/#:~:text=In%20fact%2C%20the%20Korean%20Wave,Cool%20Japan%20%E2%80%93%20in%20South%20Korea

Film, documentari, *anime*

883, *Sabatokyo*, 1999

Ackerman, Robert Allan, *The ramen girl*, 2008

Alain Courneau, *Stupore e tremori*, 2003

Anno Hideaki, *Nadia. Il mistero della pietra azzurra*, 1990-1991

Anno Hideaki, *Neon Genesis Evangelion*, 1995-1996

Anno Hideaki, *Rabu & Poppu*, 1998

Boisrond Michel, *Cherchez l'Idole*, 1963

Boyle, Danny, *28 giorni dopo*, 2002

Brian De Palma, *Carrie*, 1976

Clarck, Larry, *Kids*, 1995

Cronenberg, David, *Videodrome*, 1983

Friedkin, William, *L'Esorcista*, 1973
Fujita Toshiya, *Lady Snowblood*, 1973
Fujiwara Kei, *Organ*, 1996
Fukasaku Kinji, *Itsuka giragira suru hi*, 1992
Fukui Shozin, *Rubber's Lover*, 1996
Gelb, David, *Jiro e l'arte del sushi*, 2011
Hallström, Lasse, *Hachiko. Il tuo migliore amico*, 2009
Harada Masato, *Bounce Ko Gals*, 1997
Harron, Mary, *American Psycho*, 2000
Hirokazu Kore-eda, *The Makanai: Cooking for the Maiko House*, 2023
Hitchcock, Alfred, *Psycho*, 1960
Hooper, Tobe, *Non aprite quella porta*, 1974
Iguchi Noboro, *Dead Sushi*, 2012
Iguchi Noboro, *RoboGeisha*, 2009
Iguchi Noboro, *The Machine Girl*, 2008
Ishii Gakuryū, *Tenshi no kuzu*, 1994
Itami Jūzō, *Tampopo*, 1985
Kanchiku Yuri, *Tenshi no Koi*, 2009
Komizu Kazuo, *Battle Girl: The Living Dead in Tokyo Bay*, 1991
Kon Satoshi, *Perfect Blue*, 1997
Kōyama Seijirō, *Hachikō Monogatari*, 1987
Krawczyk, Gérard, *Wasabi*, 2001
Kurosawa Kiyoshi, *Cure*, 1997
Kurosawa Kiyoshi, *Kairo/Pulse*, 2001
Lin, Justin, *The Fast And The Furious: Tokyo Drift*, 2006
Marshall, Rob, *Memorie di una geisha*, 2005
Miike Takashi, *Ichi The Killer*, 2001
Miike Takashi, *Visitor Q*, 2001

Murakami Ryū, *Tokyo Decadence*, 1992
Nakashima Tetsuya, *Kamikaze Girls*, 2004
Nakata Hideo, *Ring*, 1998
Ninagawa Yukio, *Snakes and Earrings*, 2008
Nishimura Yoshihiro, *Tokyo Gore Police*, 2008
Nobuhiko Ōbayashi, *La casa*, 1977
Noé, Gaspar, *Enter The Void*, 2009
Ogura Satoru, *Guinea Pig*, 1985
Oshii Mamoru, *Ghost in the Shell*, 1995
Otsuka Yuki, *Garaze raifu*, 2009
Ozu Yasujirō, *Sōshun*, 1956
Ozu Yasujirō, *Tokyo monogatari*, 1953
Polański, Roman, *Rosemary's Baby*, 1968
Satō Shimako, *Eko Eko Azarak: Wizard of Darkness*, 1995
Shimizu Takashi, *The Grudge*, 2004
Shinkai Makoto, *5 cm al secondo*, 2007
Shinkai Makoto, *Il giardino delle parole*, 2013
Shinkai Makoto, *Suzume*, 2022
Shinkai Makoto, *Weathering with you*, 2019
Shinkai Makoto, *Your name*, 2016
Shirashi Kōji, *Grotesque*, 2008
Shozin Fukui, *964 Pinocchio*, 1991
Snyder, Zack, *L'alba dei morti viventi*, 2004
Sōmai Shinji, *Sērā fuku to kikanjū*, 1981
Sono Sion, *Exte: Hair Extensions*, 2002
Sono Sion, *Love Exposure*, 2008
Sono Sion, *Suicide Club*, 2002
Sono Sion, *Tag*, 2015

Suzuki Kōsuke, *Enjo-kōsai bokumetsu undō*, 2001

Takashi Miike, *As the Gods Will*, 2014

Take Masaharu, *Il regista nudo*, 2021

Takeuchi Tetsuro, *Wild Zero*, 2000

Tarantino, Quentin, *Kill Bill*, 2003

Terauchi Kotaro, *Boys Love*, 2006

Terayama Shūji, *Emperor Tomato Ketchup*, 1970

Terayama Shūji, *Grass Labyrinth*, 1979

Terayama Shūji, *Pastoral: To Die In The Country*, 1974

Terayama Shūji, *Throw Away Your Books, Rally In the Streets*, 1971

Tomomatsu Naoyuki, *Eating Schoolgirls: Osaka Telephone Club*, 1997

Tsukamoto Shinya, *Tetsuo*, 1989

Tsukamoto Shinya, *Tokyo Fist*, 1995

Turisti per caso, *Tokyo Tamagotchi*, 1999

Ueda Yasuyuki e Abe Yoshitoshi, *Serial Experiments Lain*, 1998

Wachowski, Lana e Lilly, *Matrix*, 1999

FSC
www.fsc.org
MISTO
Carta
da fonti gestite in
maniera responsabile
FSC® C005461

Impaginazione:
Studio Martinello Raul - Milano

Finito di stampare
nel mese di ottobre 2023
da Rotolito S.p.A. - Seggiano di Pioltello (MI)
Printed in Italy